애벌레의 화려한 변신

애벌레의 화려한 변신

| 황원연 수필집 |

선 우 미 디 어
한국수필출판부

책머리에

해군사관학교 생도시절에는 그렇게도 화사하고 아름답던 벚꽃이 흰색으로만 보였었다. 미를 향한 감정들이 엄한 규율과 긴장으로 메말라버린 때문이 아니었던가 싶다. 바다의 낭만은 출렁이는 파도와 갈매기일 뿐, 망망대해 수평선 위의 젊은이에게 엄습해 오는 고독감 역시 달랠 길이 없었다.

1990년대 중반, 20년 동안 몸담았던 해군을 떠나 미지의 넓은 세계에 첫발을 내디뎠다. 청춘의 피가 끓을 때는 두려운 것이 없었고 무엇이든 도전해보고 싶은 용기와 자신이 있었다. 그런데 이미 흘러가버린 많은 세월 앞에서 사회 경험도 없는 내가, 직업을 바꾼다는 건 그 자체가 두려움이었고 모험이었다. 또한 사회적으로도 그런 나를 순순히 받아줄 분위기가 아니었다.

즐기던 낚시도, 테니스도, 골프도 접었다. 그리고는 나의 독백을 들어줄 것 같은 산속의 나무와 바위, 새들의 노래 소리를 찾곤 했다. 그것들이 갓 허물을 벗은 애벌레와 같은 내게 위로가 되었고 힘든 사회생활의 원동력이 되어 주었다.

부와 명예도 있는 듯 없는 듯 항상 친구 먼저 배려하는 두 동창의 아름다운 인간미에서 우정의 진실도 엿볼 수 있었고, 오늘의 나를 있게도 했다. 두려움과 망설임의 길목에 서있던 내게 따뜻하게 손을 잡아준 고재종과 조성갑 두 고등학교 친구, "항상 자연 앞에 겸허하고 자신을 낮추며 용서를 할 줄 아는 것이 등산인의 마음가짐"이라는 두 친구의 진정어린 충고는 신의 계시보다 더 뚜렷하게 내 마음에 와 닿았다.

사람은 빵만 먹고 살 수는 없다. 문학을 통한 인간의 깊은 애정과 신비한 자연의 섭리를 이해하는 질서 속에서 서로의 체취를 느끼며, 후회 없이 사는 게 생의 보람이 아니겠는가. 자녀들이 모두 장성하여 제 갈 길로 흩어지고 이제 남는 것은 노부부 두 사람 뿐이다. 그러나 믿음과 신뢰의 친구가 있다면 우리의 노후는 결코 외롭지 않을 것이다.

한 편의 수필로 추억과 희망의 나래의 수를 놓으며 인생을 관조하려 한다. 화려하지도 않은 나의 평범한 생애건만 심령의 생명수가 되고 싶다. 이 글을 읽는 사람들에게 조금이라도 감동을 주고 공감을 얻어낼 수 있다면 다행이겠다.

그리고 무엇보다도 곁에서 이 글을 쓸 때에 격려와 기도로 용기를 심어준 아내 양석남 여사, 교정과 정리에 시간을 할애해준 지혜, 은성, 사위 이홍진과 청순한 소재를 제공해준 귀여운 천사 소민에게도 감사의 뜻을 전한다.

끝으로 이 책을 만들어 내는데 길잡이가 되어주신 한국수필가협회와 발간에 협조해 주신 선우미디어 이선우 사장님에게도 깊은 감사를 드린다. 그리고 이 글을 읽는 모든 분들께 행복과 함께 건강하시기를 기원한다.

2008년 9월

영풍(靈風) 황 원 연

황원연 수필집

애벌레의 화려한 변신

| 차례 |

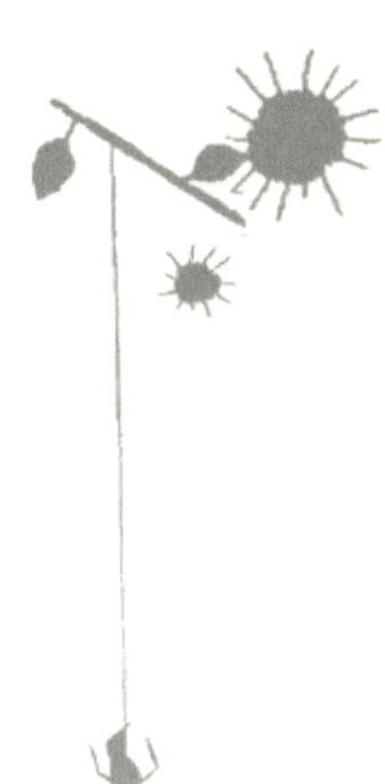

3 사색의 언덕에서

4 산과 인생

하늘과 땅 사이에

비타민과 친구들

1.

도심 속의 향수

수탉의 외침소리

기러기 떼 날고

참새의 죽음

여의도 불꽃축제

모깃불

새벽의 세레나데

새벽강변

수탉의 외침소리

"꼬끼오" 소리가

힘차게 홰를 치며 외치는 수탉 소리가 그립다. 비록 수탉의 성적 발기능력을 과시하는 동물 본성의 외침으로 농촌의 새벽을 가르는 소리라지만 어찌 울음소리라고 할 수 있겠는가. 사람들의 하루를 활기차게 열어주는 기상나팔 소리다. 차라리 용맹스런 장수의 호령이라고 하면 어떨까.

첫 닭의 외침은 자신의 제사에 온 귀신까지도 돌아가야 하고 심청이 인당수에 팔려갈 때 "닭아 닭아 울지 마라, 네가 울면 날이 새고 날이 새면 나 죽는다"라고 할 정도로 시간의 절대성을 가지고 있다. 때문에 그 외침은 아쉬운 이별의 울부짖음이라고 표현해도 좋을 것 같다.

윤기 잘잘 흐르는 토종 수탉의 불그스레한 털은 목 부위에서 그 아름다움의 절정을 이룬다. 초승달 같은 검은 꼬리의 그 끝이 땅을 향해 하늘거릴 때 뭇 암탉을 거느리는 기개는 높아 보인다. 머리 위에 이고 있는 선혈색의 벼슬은 금강산 일만이 천 봉의 당당함으로 하늘로 솟아있다. 목 아래 축 처진 두 개의 아래벼슬(耳下)의 유연함은 온화한 시골 할아버지의 부드러운 마음씨 주머니 같다.

수탉 외치는 모습은 복합적인 행위예술이다. 사방을 둘러보고 홰를 친 다음 온힘을 다해 목을 쭉 빼고 하늘을 향해 소리를 지른다. 목과 몸의 균형을 잡아준 꼬리가 약간 흔들거리다가 멈추면 짧은 1 악장이 끝난다.

닭과 인간은 공생하며 산다. 옛날 시골에서 혼례식 때에 혼례상 양쪽에 생기 넘친 수탉을 묶어놓고 입에 대추나 밤을 물리는 것은 신랑 신부가 건강하고 다복한 가정을 이루라는 의미일 것이다. 구성진 외침소리를 가진 수탉은 인간에게 고기도 제공하고, 땅에 떨어진 곡식 낱알도 먹으며, 좋은 비료도 제공한다. 때로는 낯선 사람이 오면 꼬꼬댁 거리며 주변을 환기시켜주기도 한다.

이른 새벽 수탉 외치는 소리는 현대의 악기로는 흉내 낼 수 없는 특이한 멜로디로 구성되어 있다. 가끔 다 자라지 않은 수

닭의 짧고 둔탁한 외침은 어쩐지 어설프고 덜 익은 과일처럼 떨떠름하다.

출근길에 어디선가 수탉이 외치는 소리가 난다. 상업적 목적으로 녹음테이프를 틀어놓았을 것일까. 주변을 둘러봐도 수탉은 보이지 않는다. 다음날도 그 수탉의 외침소리는 들려온다. 어릴 적 농촌의 향수가 아련히 떠오른다. 고요가 흐른 아침 도로변에서 가던 길을 멈추고 사방을 두리번 거렸다. 먼 듯 하면서도 가까운데서 수탉의 외치는 소리가 또 난다. 과일 진열대 밑 나무상자 속에 그 소리의 비밀이 숨겨져 있었다. 비록 좁은 공간이지만 수탉 본연의 임무는 하고 있는 것을 보고 생태계의 위대함에 경의를 표하고 싶었다.

언제부턴가 고병원성 인플루엔자가 생겨 닭들을 불행하게 만들고 있다. 수없이 죽어가는 닭들을 보면서 그것도 전염의 확산을 방지하기 위해 위험반경 내의 살아있는 것들까지도 무참히 땅속에 묻어 버릴 때 말 못하는 닭들의 울음소리(鷄鳴)는 보는 이들로 하여금 눈시울을 뜨겁게 만들고 있다. 사람이나 동물이나 환경의 지배를 받고 사는 것은 마찬가지이다. 닭들의 양육도 사회변화에 따라 방사 형태에서 양계장 사육으로, 닭고기문화에서 치킨문화로 변해 왔다.

이른 아침 도심 속의 수탉의 외침소리를 통해서 어린 시절

평화로운 농촌에서 사람들과 가까운 가축이며, 동네 사람들의 새벽잠을 깨어주는 시계 역할을 해주었던 수탉의 용맹스러움을 다시 생각해본다.

기러기 떼 날고

한강하구 제방 길을 따라 걷는다. 갈대숲이 이어진 강변으로 스산한 강바람이 한바탕 지나간다. 메마른 갈대 잎의 바스락거리는 소리에 놀란 꿩 한 쌍이 귀를 쫑긋 세우고 날아오른다. 수확이 끝난 들녘에는 참새 떼를 놀라게 했던 추억도 잊은 채 얼굴 찢긴 허수아비만이 쓸쓸하게 들녘을 지키고 서 있다. 논두렁에 피운 불길의 흰 연기가 뭉게구름이 되어 푸른 하늘을 덮는다. 도도히 흐르던 강물의 낭만은 썰물이 되어 간데없고 바닥이 드러난 모래분지는 흉물스럽기만 하다. 찬 기온 탓인지 가시거리도 꽤 길다.

들녘을 빙 둘러싼 능선들이 선명하게 보인다. 멀리 가까이 새들이 날고 있다.

겨울 철새는 재두루미, 저어새, 큰고니, 청둥오리, 기러기 등 여러 종류가 있다. 그 중에는 천연기념물도 있다. 그들의 낙원은 김포반도 한강하구, 충남서산 천수만, 낙동강하구 을숙도, 강원도 철원 등으로 어족자원이 풍부하고 먹이가 많은 넓은 평야가 있기 때문이다. 한겨울을 나기 위해 고향 시베리아에서 각양각색의 화려한 날갯짓으로 출발을 한다. 대형으로 우리나라를 향해 이동한 것을 보면 차라리 영혼들의 나들이라고 해야 좋을 것 같다. 여름철은 날씨도 따뜻하고 먹을 것도 많아 더 살기 좋으련만 하필이면 추운 겨울에 이 멀리까지 고생을 하며 찾아오는지.

어렵고 힘든 긴 여정을 참아내야만 하는 이들의 모습에서 깊은 연민의 정을 느낀다. 세파에 지치고 차가운 겨울바람에 움츠러진 우리들에게 희망의 메시지를 던져주어 오히려 다행인 것 같다. 불행하게도 요사이 유행하는 조류독감의 매개체가 철새들이라고 하니 가을들녘의 기분을 착잡하게 만든다.

모래분지 위에 철새 떼가 모여 있다. 윤기 나는 깃털이 햇볕에 반짝인다. 유연한 날개짓으로 장난을 치다가 강물 속에 첨벙 뛰어든다. 볼만한 예술이다. 철새 떼들은 먹이를 찾거나 휴식을 하면서도 항시 사람들의 접근을 경계한다. 일대에 점점이 흩어진 무리 속에는 반드시 보초 새가 있다. 위험을 인지하면 그 보초 새가 먼저 이상한 소리를 지르며 푸드덕 날갯짓을 하고 비상한다. 한 마리, 두 마리… 모두 하늘로 날아오른다. 순간 푸른 도화지 위에 움직이는 한 폭의 그림이 그려진다. 은하계의 움직임이라고 할까. 거대한 용틀임이라고 할까.

하늘을 향해 솟아오르고, 땅을 향해 급강하하고, 바람 따라 물같이 흐르는 환상적인 군무는 차라리 신이 인간에게 내려준 아름다운 선물이라고 해야 좋을 것 같다. 한참 동안 무질서 속의 질서를 보면서 나는 부드러운 감정의 엔돌핀이 흘러나옴을 느꼈다.

기러기는 하늘에 오르면 ㅅ자 형태를 만들어 이동한다. 선창과 후창의 기쁜 노래를 부르며, 일정한 간격으로 날갯짓을 하면 힘이 덜 들고 또 한 방향으로 쉽게 날 수 있다고 한다. 외톨박이로 떨어진 기러기는 필사적으로 날갯짓을 하여 대열에 낀다. 협동심의 발로라고 할까. 생존경쟁이라고 할까. 측은한 생각이 든다.

기러기는 한 다리를 들고 고개를 돌려 주둥이를 등위 털에 박고 잠을 잔다. 뒤뚱뒤뚱 걷는 모습은 코미디 같으나 육중한 몸매와 반짝이는 깃털은 우아한 공작과도 같다. 가을 들녘의 벼를 주워 먹거나 흰 눈 속에서 고개를 내민 푸른 보리 잎을 뜯어 먹는 기러기 떼들의 모습에서 겨울들녘의 허전함을 채운다. 하늘로 날아오를 때는 활주로에서 이륙하는 비행기처럼 한참 동안 두 다리로 힘껏 달리며 날갯짓을 한다.

철새들은 우리 인간들을 보고 어떤 생각을 할까. 그들과 생김새가 달라서 외계인이라고 할까. 아무튼 그들을 해치는 적(敵)들이라고 생각하겠지. 아무리 쳐다보아도 자기들과 같은 새가 아니기 때문에 그들은 항상 걸어 다니는 인간들의 행동을 경계하고 있는 것이다.

인간은 시간과 공간에 제약을 받으며 살아간다. 그러나 철새들은 언제든지 지구 어디에나 날아 갈 수 있다. 계절이 바뀌고 환경이 변하면 살기 편리한 곳으로 미련 없이 떠난다. 어린 새끼도 없고 이삿짐도 없다. 오직 혼자 뿐이다. 긴 여정에 힘들면 내려앉은 곳이 목적지이다. 이 얼마나 자유스런 삶인가. 그러나 자연의 질서에는 순응한다. 다른 철새들을 시기하거나 비웃지도 않고 의심하지도 않는다. 다만 안전한 삶을 위해서 필요하면 다른 곳으로 날아가 버리면 되는 것이니까 말이다.

참새의 죽음

매서운 찬바람에 홍당무가 된 귓불이 꽁꽁 얼어붙었다. 시꺼먼 하늘에 진눈개비가 어지럽게 휘날린다. 하얀 대지 위에 새로 난 발자국은 정처 없는 나그네의 방랑길을 떠오르게 한다. 앙상한 나뭇가지를 스치는 쇳소리가 바이올린 연주를 하는 것 같다. 나지막한 산비탈 2층 건물 계단에 참새 한 마리가 죽어있다. 가느다란 부리로 마치 무엇인가 쪼아 먹는 시늉을 하고 있다. 한 자락 음산한 바람이 싸늘한 참새 위를 스쳐 가면 참새가 마치 살아서 이리저리 움직이는 것 같다. 왜 죽었을까. 가족도 없이 혼자서 외로운 죽음을 맞이했나 보다. 추운 겨울 돌계단 위에서 객사한 참새는 장례절차도 없이 한 줌의 흙이 되어 자연으로 돌아간다.

공작처럼 화려한 날개도 없고, 독수리처럼 매서운 눈도 없으며, 황새처럼 중후한 다리도 없는 앙증맞은 작은 새이지만 그래도 여러 가지 색깔이 몸에 수놓아져 나름대로 아름다움을 뽐내고 있다. 특히나 목 부분의 흰 띠는 귀족적인 분위기를 자랑하고 있다. 두 다리를 함께 모아 뛰는 모습은 마치 스프링이 톡톡 튀는 것 같다. 만약 엉금엉금 황새걸음을 흉내 낸다면 두 다리는 여지없이 찢어지겠지. 사람이나 동물이나 분수에 맞게 살라는 교훈인 것 같다.

어린 아이는, 매일 아침 참새 떼들의 재잘거리는 소리에 배가 고파서 울고, 즐거운 만찬에의 초대 향연에서는 임이 그리워서 운다. 짹짹 짹짹. 실낱같은 소프라노 멜로디가 귓전을 아련히 울린다. 붉게 물든 서산, 그리고 허전한 가을 들녘, 허수아비의 쓸쓸한 하소연이 나그네의 발걸음을 멈추게 한다. 참새 떼가 하늘로 치솟는다. 한 치의 오차도 없는 점박이 은하계의 별똥별이 움직이는 것 같다. 공중 위 자연의 질서와 조화에 찬사를 보낸다.

참새라는 별명은 입이 부지런하고 말하기를 좋아하는 사람을 일컫는다. 또 참새방앗간이란 말도 있다. 늘 바라던 것을 만났을 때 비유하는 말로써 방앗간 주변에 떨어진 곡식의 낟알을 주워먹기 위해 꼭 들른다는 말이다. 꽁꽁 얼어붙은 깊은 겨울

밤, 외투깃을 세운 젊은이들이 길가 희미한 불빛아래 꼼장어나 참새를 굽는 구수한 냄새와 어묵 국물 증기가 모락모락 피어오른 포장집을 들러 소주 한 잔에 몸을 녹이곤 했다. 이 어찌 참새 방앗간이 아니겠는가. 참새 새끼들은 입가에 노란 테가 둘러져 있다.

어미 새가 자신의 고픈 배를 참으면서 새끼를 위해 쉬지않고 물어 나른 딱정벌레나 메뚜기 등을 둥지에서 새끼들은 노란 입을 크게 벌리며, 맛있게 받아먹고 자란다.

노란 가방을 맨 유치원 어린이들이 노란 모자를 쓰고 행진을 한다. 선생님이 "참새" 하고 선창을 하면 어린이들은 "짹짹" 하며, 보조를 맞춘다. 너무나도 귀여운 천사들의 행진이다. 가냘픈 목소리, 노란 귀여운 새끼 입, 이 또한 참새와 사람들의 순진한 비유가 아니겠는가.

지금은 농촌의 집들도 지붕개량을 하여 기와집으로 되어 있지만, 60년대 이전에는 볏짚으로 이엉을 만들어 지붕을 덮었다. 활동하기 좋은 여름철 참새들은 많이 먹고 살을 많이 찌운다. 그리고 겨울철 둥지는 처마 밑에 구멍을 파고 그곳에 튼다. D-day 깜깜한 밤에 헝겊자루를 들고 동네 또래의 목마 위에 탄 나는 조심스럽게 참새 둥지에 손을 집어넣는다. 아닌 밤중에 홍두깨, 꼼짝 없이 잡힌 참새들은 석쇠구이 신세가 되고 만다. 운

나쁜 어떤 날은 둥지에 참새는 없고 차가운 감각의 물컹한 물체가 손에 잡힌다. 구렁이가 먼저 참새를 잡아먹기 위해 들어온 것이다. 으악! 소리와 함께 소스라쳐 놀라 비명을 지른다. 아마도 구렁이도 함께 놀랐을 것이다.

눈이 많이 내린 겨울에는 배고픈 참새떼들이 마당 여기저기에 떨어져 있는 곡식 낟알을 찾기 위해 모여든다. 널따란 나무 제사상에 나무토막을 고인 후 그 밑에 한 줌의 벼를 뿌려놓고 고임목에 가느다란 새끼줄을 연결하여 창호지 문짝에 붙어있는 조그마한 유리를 통해 감시를 한다. 이상한 물건을 본 참새들은 주위를 살펴보지만 이미 마음은 뿌려진 벼알에 가 있다. 참새머리의 얕은 판단은 약속이라도 한 듯 우르르 나무 제사상 밑으로 모여든다. 재빠르게 새끼줄을 당겨 챈다. 무거운 짓누름에 짹 소리 한 번도 못 내고 잡힌 참새들도 역시 석쇠구이 신세가 되고 만다.

배고픈 시절의 소박한 농촌 풍경이다. 지금은 웰빙식품으로 참새구이가 인기를 얻고 있지만 그 수요를 충당하지 못해 병아리로 대체한다고 한다.

농부들이 피땀을 흘려 가꾸어 놓은 곡식을 참새 떼들이 먹어버려 해(害)가 되는 조류로 분류되지만 먹이사슬 구조로 본다면 식물의 해충을 잡아먹는 유익한 새다.

참새는 전투기의 연료냄새를 좋아한다.

군부대 비행장에 가보면 참새 떼를 쫓기 위해 총소리도 나고 꽹과리 소리도 난다. 아마도 비행기가 이륙할 때 참새 떼가 엔진 속에 빨려 들어가면 엔진이 고장 날 우려도 있기 때문이란다. 추운 겨울 날 사람들의 장난에 죽어가는 참새 떼들이 불쌍하게 보인다. 오늘도 앞마당에서 짹짹거리는 참새소리는 사람을 향한 그들만의 시위가 아닐까.

여의도 불꽃축제

10월의 아침저녁은 낮보다 온도차이가 나고 비라도 뿌린 후면 제법 날씨가 쌀쌀하다. 한여름 길던 해도 짧아져 땅거미가 빨리 몰려온다. 88도로의 자동차 불빛은 꼬리를 물고 희미한 달빛에 어린 한강물의 반짝거림을 돕고 있다. 여의도 한강시민공원에서 서울 세계 불꽃축제가 열린다고 한다. 호화 유람선에서도, 63빌딩에서도 화려한 불빛들이 이곳 불꽃축제의 분위기를 돋우고 있다. 여의도와 수산시장 근처는 이미 자연스런 주차장이 되어 있다. 아무도 불편해 하는 사람이 없는 것 같다.

아마도 여의도를 통과하는 지하철은 큰 홍역을 치렀을 것이고 인근의 골목길이나 아파트의 옥상도 불꽃을 보려는 사람들로 장사진을 쳤을 것이다. 모두가 불꽃의 아름다움을 통해서 성숙된 삶의 질을 보상받고자 하는 심정이었을 것이다. 도로 위에서 차량 위에서 지붕 위에서도 카메라 플래쉬는 연신 터진다. 순간 사방은 암흑으로 변했다가 다시 불꽃의 찬란함이 서서히 주변을 아름답게 수놓아 준다.

노량진 수산시장은 벌써부터 대목이다. 포장마차도 빽빽이 줄을 잇는다. 출출한 저녁시간이라서 입과 눈이 함께 즐겁다. 여기저기 깔아놓은 돗자리에서 어른들은 밤하늘의 화려한 불꽃을 안주삼아 시원한 소주를 들이켜며, 아름다움을 만끽하고 있다. 엄마 치마폭을 잡고 칭얼대던 아이도 여의도 강변 위에서 터지는 갖가지 형태의 환상적인 불꽃에 함성을 지르며, 마냥 즐거워하고 있다. 모두가 한 마음이다. 도로위의 차량들과 사람들과 음악을 곁들인 불꽃이 어우러진 무질서의 혼돈이다. 하지만 흥분된 감정은 차분하게 연출되고 그곳에는 반목과 질시의 매서운 눈초리도 찾아볼 수 없다.

군중속의 고독이라고 할까. 함성이 터질 때마다 짜릿함의 전율이 외로움으로 되돌아오곤 했다. 지척에 우뚝 서 있는 63빌딩의 그림자가 어스름 초승달빛에 가리워져 내 앞에 살포시 다가온다. 빛의 아름다움이 눈을 통해서 신경을 이완시켜주고 메말랐던 정서를 자극함으로써 바쁘게 뛰었던 하루의 피로가 서서히 녹아내린다.

불은 인류가 최초로 발견했던 위대한 변화였다. 문명의 이기(利器)로만 사용되었던 불은 문화와 예술분야에까지 이용되기에 이르렀다. 어둠이 있어 불꽃이 더 황홀하고 고통이 있어 더 찬란한 불꽃은 인생의 한마당 놀이 같다.

밤하늘에서 천사가 내려온다. 사랑하는 사람을 위해 안개꽃 한 다발을 안고 너울너울 내려온다. 안개꽃 같은 불꽃은 빈센트 반 고흐의 한 폭의 정열의 그림이 순간적으로 나타났다 사라진 것 같기도 하다.

불꽃은 전쟁의 신호물이나 승리의 개선을 축하하기 위한 행사용으로 많이 이용되어 오다가 오늘날에는 큰 축하행사(영화제, 정상회의, 올림픽 등) 때에 사용되고 있다. 기술이나 가격 등에서 다양한 형태를 지닌 불꽃은 대부분의 나라에서 새해를 맞이할 때 사용되며, 또는 지역의 특성을 알리는 행사 때에 홍보용으로도 많이 사용되고 있다.

음악따라 춤을 추는 분수처럼 불꽃에도 음악이 있다. 조용한 음률을 따라 하늘높이 오른 불꽃은 크라이막스에 눈부신 왕관의 형태로 터져 손에 잡힐 듯 사람들 앞으로 접근해 온다. 순간 여기저기에서 함성이 터져나온다. 마치 살아있는 화녀가 화사한 미소로 손짓하며, 꼬리달린 별똥별처럼 서서히 흘러내린다.

밤하늘 여의도 강변의 아름다운 불꽃은 노래 가사의 깊은 내면성을 나타내어 내 귀를 흔들고 찌들었던 마음의 때를 말끔히 씻어 내린 듯 했다. 아름다운 불꽃을 보고 혹은 아름다운 음악을 듣고 싫다 할 사람이 있을까. 비록 길이 막혀 왕래를 못하고 지하철에서 인파에 밀려 고생을 했더라도, 자기 몸을 태워 밤하늘을 밝혀준 불꽃의 깊은 의미를 이해한다면 그런 것은 조금도 불편한 것이 되지 않을 것이라고 생각해 본다.

모깃불

모깃불을 피웠다. 5, 60년대 농촌 여름 밤풍경이다. 마당의 멍석 옆이나 가축우리 옆에 마르지 않은 두엄 풀을 한 무더기 모아놓고 불을 피운다. 바싹 마른 보릿대나 나뭇가지는 쉽게 타버리기 때문에 불쏘시개로만 사용할 뿐 모깃불 재료로는 사용하지 않는다. 바스락 바스락 공기를 불어 넣으면 흰 연기가 자욱이 피어오른다. 풀 타는 냄새가 퀴퀴하게 난다. 숨도 막힐 듯 하고 맵기도 하고 눈물도 나지만 오랜 습관 때문인지 별로 싫지는 않다. 모기들은 연기에 취해 비실거린다. 바람이 한 방향으로만 불면 부채로 연기의 날아가는 방향을 바꾼다.

할아버지 할머니는 행여나 모기가 손자 손녀들을 물까봐 연신 부채질을 한다. 모기들의 기습에 몸과 다리를 움츠리고 꼬리를 흔들던 가축들도 기다렸다는 듯이 푸! 하고 안도의 한숨을 쉰다. 식구들은 교대로 등목을 한 후 희미한 호롱불 아래 모여 앉아 샘물에 담가 놓았던 수박을 갈라 먹는다. 손자 손녀들은 청명한 밤하늘의 별을 센다. '꼬리가 아홉 개 달린 여우 그리고 소복한 처녀귀신의 한풀이'에 대한 닭살 돋는 이야기가 꽃을 피우기 시작한다. 손자 손녀들은 이미 할아버지 할머니 무릎위에서 잠이 들어 있다.

그 시절은 농약도 귀했는데, 병충해도 적었다. 병충의 면역성도 약해서인지 농약도 그리 많이 사용하지 않았다. 물웅덩이에서 새우도 잡고 물고기도 잡았다. 풀이나 물도 많이 오염되지 않았다. 논두렁이나 밭두렁에서 베어온 풀로 모깃불을 피웠다. 인체에 해를 주는 뇌염 모기유충도 오염되지 않은 물에서 자라서인지 치명적이지는 않았던 것 같다. 의술의 혜택이 농촌에까지 미치지 않아 그냥 지나쳐 버렸는지도 모른다.

모기는 적색, 청색, 검은색을 좋아하고 후각도 뛰어나 20m 거리에서 사람이 내뿜는 이산화탄소를 민감하게 느낀다. 또 모기는 여성호르몬을 좋아하고, 땀 냄새, 발 냄새, 향수냄새를 좋아한다. 따지고 보면 오늘날 지구의 온실효과는 모기에게 더 좋은 번식조건을 제공하는 격이 된다.

아무리 쫓아버리려 해도 어느새 귓전에 앵앵거리는 모기는 세계적으로 2,500여 종 되는데 우리나라에는 47종이 서식하고 있다. 우리나라에서 서식하고 있는 모기의 90%는 말라리아모기이고 그 외는 뇌염모기이다.

인류와 모기는 경쟁하면서 번식을 한다. 시베리아 툰두라 지역의 모기는 순록의 피를 빨아먹고 뜨거운 사막의 모기는 몇 년 만에 한번 올까 말까한 짧은 소나기를 하염없이 기다리면서 산다. 요즘 도회지 모기들은 급기야 새로운 형태의 전천후 공격력과 번식력을 보여준다. 공동주택의 어두운 지하실에서 번식한 후 엘리베이터를 타고 오르내리다가 사람들을 따라 각 가정에 들어와 높이와 계절에 관계없이 활동한다.

지금은 모기의 특성을 과학적으로 분석하여 죽이거나 활동을 제한하는 모기향, 전자매트, 홈키퍼, 모기장 등의 약품이나 예방도구가 많이 개발되어 있다. 홈키퍼의 독특한 향냄새는 모기들을 유인해서 죽이는 효과를 노린 것 같다. 연막 소독 차량이 지나가면 순간 흰 연기로 인해서 앞이 보이지 않는다. 소독 냄새가 매스껍지는 않다. 동네 아이들은 연막 소독 차량을 따라가며, 연기 속에서 소리 지르기도 한다.

옛날 농촌에는 모기약도, 모기장도 변변치 못했다. 모기한테 물리면 물린 자국에 침을 바르는 것이 고작이었다. 모기장도 여름철에 고정식으로 창문의 창호지를 떼어내고 창틀에 모기장을 풀로 발라놓은 정도였다. 가을이 되면 뇌염모기가 극성을 부린다. 무서운 병이기에 조심해야 한다. 모기 박사까지 있는 것을 보면 그만큼 우리생활과 밀접한 관계가 있다는 말이다.

나는 산행을 즐긴다. 산속 그늘에서 점심도 먹고, 친구들과 대화도 하고 때로는 한숨 잠을 청하기도 한다. 내 등산 가방에는 항상 모기향이 준비되어 있다. 자연의 포근함 아래서 삶의 에너지를 마음껏 축적하고 나면 어느새 등에서는 죽죽 땀이 흘러내린다. 식사를 하기위해 자리를 펴고 옹기종기 모여 앉는다. 제일 먼저 모기향을 3~4군데 피운다. 도시 생활 속에서 느껴보는 농촌의 모깃불 추억이다. 모기향 냄새가 여기저기 퍼진다. 눈에 보일 듯 말듯 작은 모기들이 땀 냄새를 맡고 접근한다. 그러나 비실거리며, 주변을 맴돌다 다른 데로 날아가 버린다. 밥을 먹고 재미있는 대화를 시작한다. 아찔한 농담으로 한바탕 웃음바다가 된다. 참으로 편한 산림욕이다. 나는 항상 여름이면 정의의 모기향 당번 노릇을 자청해서 해오고 있다.

2006년 여름에 친구들과 백두산 여행을 했다. 짐을 챙기는 배낭 속에는 모기향이 제일 먼저 들어갔다. 출국할 때는 괜찮았는데 중국 심양에서 입국할 때 검색대에서 통과를 저지당했다.

중국말을 못하는 나는 'No Problem'이라고 했다. 검색원은 다시 한 번 배낭을 검색대에 통과시킨다. 그러더니 배낭을 열고

주섬주섬 물건들을 꺼낸다. 모기향이 나왔다. 케이스를 열어보니 조그마한 양철 모기향 받침대 1개가 나왔다. 아, 이것이 문제를 일으킬 줄이야. 사소한 실수로 곤욕을 치렀다.

40여 년 전 농촌의 풍습은 이미 사라지고 없다. 오늘날의 모기 퇴치 방법은 너무나 다르다. 옛날 농촌의 자연무공해 민간요법의 모깃불은 모기 특성을 파악한 최첨단 과학화된 약품이나 도구들로 대체되었고 방안에 치는 모기장도 고급 패션형으로 다양하게 등장했다. 모깃불의 추억은 상상 속에만 있을 뿐 지금은 재현할 수도, 볼 수도 없다. 그래서 산행 길에 피우는 모기향은 옛 추억을 되살리는 향수(鄕愁) 물품이 된다. 모기향 냄새를 맡으며, 아련히 그려지는 옛 농촌의 모깃불의 추억을 떠올려 본다.

새벽의 세레나데

동 트기 전 사방은 고요하고 어두컴컴하다. 자동차 시동소리가 단잠을 거슬리게 한다. 내가 사는 아파트는 서달산 기슭에 있다. 창문을 열면 좌우로 남산 타워와 관악산 송수신 탑이, 정면에는 서울 시민의 젖줄인 한강이 유유히 흐르고 있는 것이 보인다. 새벽녘에는 아련한 꿈인지 현실인지 혼란스러운 소음이 지나면서 잠이 깨인다.

이윽고 동이 튼다. 이글거리는 태양은 어제와 다름없이 환하게 웃으며, 서달산 위로 솟아오른다. 아침 산책 나온 사람들이 태양을 향해 소리를 지른다. 무슨 사무친 원이라도 있는 듯 크게 한숨을 들이쉰다.

숲 속의 웅장한 합창은 시작된다. 시끌벅적 하면서도 질서 정연하다. 먼저 의기양양한 장끼의 팡파레로 무대가 열린다. 그리고 제일 높은 위치에서 반가운 손님이 올 것이라는 까치의 소리가 하늘을 열려준다. 멜로디의 변화는 없지만 숲 속에서 여러 마리의 매미떼들이 맴맴거린다. 가냘픈 참새의 소프라노 소리는 희미하게 들린다. 소쩍새의 베이스 소리는 은은히 숲 전체로 번져 간다. 서달산의 새벽녘 세레나데에 참여한 새들은 10여 종이 넘을 것 같다. 지휘자도 없고 방청객도 없이 화려한 멜로디로 합창하는 새벽녘 새들의 합창은 시작도 없고 끝도 없다. 몇 악장을 연주했을까. 새들은 친구나 먹이를 찾아서 차례차례 그 자리를 떠난다. 숲 속은 다시 조용해진다.

노래는 귀로 듣고 입으로 부르는 것으로 사람들에게 정서적으로 좋다. 기쁠 때 노래가 있으면 기쁨이 2배가 된다. 음악은 작곡가의 내면세계를 가수 입을 통해서 표출하는 것으로써 심신의 안정과 좋은 인간관계를 유지해 준다. 침체된 분위기나 군중심리를 불러일으키는 촉진제 역할도 해준다. 또 시위나 군중집회 때에는 자신들의 의사를 상대방에게 알리는 매체로도 사용한다. 이처럼 말을 통해서 의사를 전달하는 직접적인 방법과 노래를 통해서 의사를 전달하는 감성적 방법도 있다. 전달의 효과는 방법과 때와 장소에 따라 다소 차이가 있을 것이다.

새들의 합창은 밤이 되어 어둠의 정적(靜寂)이 깊어질 때는 차분하고 연민의 호소력이 있어 좋다. 동 트는 새벽녘에는 활기차고 시작을 알리는 기상 나팔효과가 있어서 더욱 좋다. 세레나데는 사랑의 세레나데가 통상적이다. 고요한 밤, 그대 창가에서 속삭이듯 들려주는 노래는 사랑의 속삭임이다.

새벽녘의 노래는 신선하다. 인위적이 아니고 새들의 합창은 더 희망적이고 아련한 꿈에서 깨어나기 전의 마취가 풀리는 것 같은 환상적인 속삭임이다. 서달산의 새벽, 신청한 곡도 없는데 자리에 따라 악기를 배치하지도 않았는데 거기에서 흘러나오는 음악 소리는 아무나 감상할 수 없는 생음악임이 분명하다. 현충원의 기상나팔소리가 서달산을 넘어온다. 새벽녘 숲은 사람들, 새들, 나팔소리가 합쳐진 삼위 일체된 오케스트라를 만들어 낸다. 그래서 사람들은 가끔 별장을 찾고 산속이나 바닷가를 찾는가 보다.

사람은 새들에게 먹이를 주지 않는다. 어떤 노래를 가르쳐 주지도 않는다. 사랑하는 사이일 때 아침 저녁으로 또 다른 톤과 날갯짓으로 노래를 부르라고 요구하지도 않는다. 이것은 숲이 있기에 가능하다. 먹이를 찾고 친구를 만나고 사랑을 속삭인 장소가 숲이기 때문이다. 부스스 눈을 뜨고 살짝 창문을 연다. 기립박수를 치기 위해서가 아니다. 나 혼자만이라도 희망적인 새벽녘 세레나데에 마음으로 환호의 박수를 쳐주기 위해서다. 눈에 보이지도 않는 아름다운 노래 소리를 귀로만 감상하기에는 너무나 아깝기 때문이다. 서달산 숲이 내다보이는 내 집이 이 세상에서 제일 좋다. 비록 하룻밤 자고 나면 수천만 원이 껑충 뛰어 있는 값비싼 곳은 아니지만 말이다.

새벽강변

어둠이 깔린 새벽, 88도로—김포 전류리간 한강 제방 도로변을 따라 달린다. 수확이 끝난 들녘은 녹색의 향수를 못 잊어 허전한 냉소를 풍긴다. 잔잔한 한강에는 물안개가 모락모락 피어오르고 있다. 잠에서 깨이지 않은 자동차는 연신 하마 같은 하품을 하며, 흰 연기를 꽁무니로 내뿜고 있다. 강변 둔치 갈대밭에 메마른 바람이 스쳐간다. 갈색 고양이 한 마리가 몸을 바싹 낮추고 사방을 두리번거린다. 겨울철새들이 강가를 따라 검은 띠를 죽 만들고 있다. 움직이지도 않은 것을 보니 아직은 깊은 새벽잠을 자고 있는가 보다.

어떤 철새들은 배가 고팠는지, 몸의 열을 식히기 위해서인지 물에 첨벙 뛰어들어 수영을 하다가 끝내는 강물을 박차고 하늘로 올라 여유로운 비행을 한다. 독수리 한 마리가 나지막한 나뭇가지 위에 앉아 매서운 강바람에 호호대며 떨고 있는 철새들을 주시하고 있다. 이른 새벽이라 입맛이 없는지 눈앞의 먹이들을 우두커니 바라만 보고 있다. 광채 나는 눈으로 자기들을 쳐다보고 있는 독수리의 부리와 발톱의 무서움도 모르는 채 철새들은 그저 평화롭기만 하다. 새들은 널따란 들판도, 흉물스런 철조망도, 얼어붙은 강물위도 아무 거리낌 없이 자유로이 넘나들고 있다. 아마도 신이 만물을 창조할 때에 특히 새들에게 자유라는 특권을 많이 부여했는가 보다.

갈색의 고라니 새끼 두 마리가 갈대숲에서 나와 들판을 서성대며, 먹이를 찾고 있다. 자동차들의 왕래에도 아랑곳 하지도 않는다. 아마 어디쯤에서 어미가 조마조마한 심정으로 주변을 감시하고 있을 것이다. 순한 동물로 대표되는 노루나 고라니들은 사람들의 접근을 매우 민감해 하는데 어린 새끼들은 인간의 무자비함에 대한 충분한 교육이 아직 없었는가 보다. "하루 강아지 범 무서운 줄 모른다."는 말은 바로 저런 경우를 두고 말하는 것이 아닐까.

비록 한강 둔치 늪지대에 맹수들은 없지만 고양이, 족제비, 삵괭이들이 아마도 그 동물들의 먹이사슬이 될 것이다. 노루나 고라니의 어미들은 특별한 공격무기가 없기 때문에 수시로 안전한 곳을 찾아 새끼들을 옮겨 가면서 저만큼 키웠다는 것에 한숨을 돌릴 수 있을지도 모른다.

깊은 산속 짐승들은 사람들의 인기척이나 체취에 민감해서 먼 데서부터 경계하고 도망간다. 그러나 한강변의 동물들은 자동차소리나 매연냄새에 익숙해져 있다. 위험에 둔해져 있다는 의미이다. 인간과 동물들이 공존한 현장이다. 고라니 새끼들이 보이지 않는 날이면 어쩐지 허전하다. 행여나 밤중에 다른 동물로부터 공격을 받지 않았나. 감기에 걸려 자리에서 일어나지 못했을까. 아니면 너무 추운 날씨 때문에 갈대숲에서 나오지 못하는 것은 아닌지. 연약한 긴 다리로 이른 새벽부터 하얀 눈 위를 사뿐사뿐 거닐 때는 연민도 느끼지만 그래도 오늘은 눈에 보이지 않으니 왠지 염려스럽기만 하다.

얼룩무늬 초소에는 반짝이는 두 눈의 초병들이 한강을 바라보고 있다. 철책선 안쪽에는 어부들이 쳐놓은 흰색의 어망부이들이 군데군데 떠 있다. 물때 맞춰 바구니를 들고 민간인 통제구역을 들어간다. 생계를 위해 인근 주민에게 특별한 배려를 했을 것이다. 물밑 그물에 걸린 많은 물고기들 곧 닥쳐올 자신의 운명도 모른 채 발버둥치고 있을 것이다. 조그마한 통통배를 탄 어부는 어망부이를 따라 가면서 연신 물고기들을 떼어 내느라고 바쁜 손놀림을 한다. 강에서 인간과 물고기들의 생존경쟁의 현장을 본다.

나는 매일 새벽 이 길을 달린다. 강과 늪지대의 갈대숲과 들판의 고라니 새끼들을 보면서 자연과 인간의 조화에 경의를 표하고 싶다. 비록 메마른 풀숲이지만 그곳 땅 밑 뿌리에서는 다음 봄을 위해 이미 전령을 보내 놓았다. 한 치 앞도 내다볼 수 없는 인간사를 보면서 자연의 정연한 질서에 위대함을 느낀다. 강물이 들어오고 빠지며, 고라니 새끼들이 들판에서 평화스럽게 먹이를 찾고, 새벽하늘을 생동감 있게 날아 다니는 철새들의 환상적인 군무를 보면서 졸리움을 떨어내며 오늘도 피로가 쌓이지 않는 활기찬 하루가 되기를 기원해 본다.

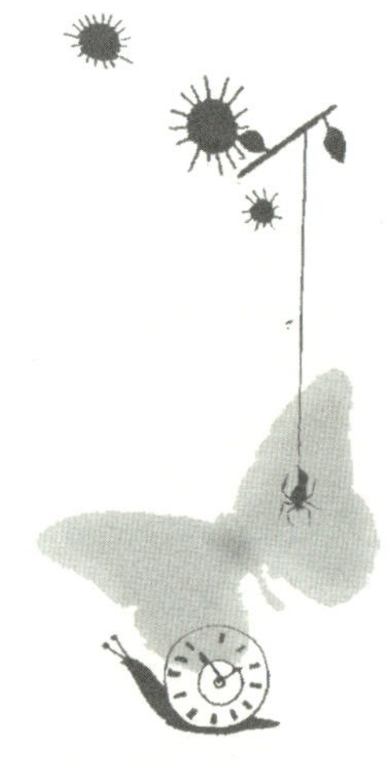

2.
바다의 교향시

갈매기의 노래

갈매기는 고독이다. 갈매기는 낭만이다. 갈매기는 희망이다. 부채같이 널따란 날개, 뭉뚝한 꼬리, 회백색의 윤기 나는 가슴털, 뾰쪽한 노란 부리, 별처럼 반짝이는 두 눈, 재갈매기, 붉은부리갈매기, 제비갈매기, 괭이갈매기….

한 번의 날갯짓으로 뱃전을 소리 없이 스쳐가는 민첩한 비행술. 양 날개 쭉 펴고 창공에 미동도 없이 멈춰있는 의미는 무엇일까? 갈매기가 있는 곳에는 육지가 가까이 있고 고기잡이배들도 약속이라도 하듯 어김없이 그물을 끌고 있다.

돌고래가 미끄러져 가는 뱃전을 경주하며 따라오듯 갈매기는 고깃배의 꽁무니에서 깍깍거리며 수평과 수직의 날갯짓을 한다. 뱃사람들은 출렁이는 파도위에서 멀미에 취해 고통을 당하

건 말건 갈매기들은 3차원의 공간에서 놀라 뛰어오른 고기만을 주시하고 있다. 고기잡이배가 그물을 끌고 있다. 갈매기들은 제식교련을 받은 병사들처럼 좌우 앞뒤로 대형을 바꾸며 따라온다. 깍깍 유쾌한 노래를 하면서…. 동료들과의 즐거운 대화일까. 수놈들 간의 권자다툼일까. 풍부한 먹이가 있음을 알리는 신호일까. 먹이 찾기의 힘든 하소연일까.

사방을 둘러보아도 둥근 수평선 뿐 보이는 것은 언제나 변함없는 갈매기들이다. 매서운 바닷바람, 후덥지근한 바닷바람에도 짜증내지 않고 흰 이를 드러내고 고깃배를 삼킬 듯 밀려오는 파도에도 아랑곳 하지 않고 힘겹게 전진하는 고깃배의 뱃전을 따라오며, 멋진 노래를 불러주고 있다.

갈매기는 어디에서 잠을 자는 걸까. 공중에 떠서 아니면 바다위에 떠서 잠을 자는지, 고깃배 갑판 으슥한 곳에서 쭈그리고 잠을 자는지 알 수 없다. 가련한 생각이 든다.

아침 해가 저 멀리 지평선에서 올라온다. 갈매기는 어젯밤의 피곤한 기색도 없이 긴 하품을 하고 카랑카랑한 소리로 깍깍 노래를 한다. 갈매기는 먹이만을 위하여 인간들 곁에서 노래하고 있는 것은 아닐것이다. 또 다른 세계를 꿈꾸는 장한 조나단처럼 외로움과 고독함을 인간과 같이 이겨내기 위해서다. 인간에게는 용기를, 그물에 갇힌 고기들에게는 위로의 메시지일 것이다. 그리고 육지가 그리운 사람들에게는 희망의 메시지리라.

항구를 향해 멀리서 들려오는 통통배 소리도 먼저 듣고 맞이할 준비를 한다. 그러나 관광객들이 뱃전에서 던져주는 새우깡에 길들여진 갈매기는 너무 안일하게 살아가는 모습일 뿐이다. 인간의 무모한 짓으로 인하여 갈매기의 생존력은 약해질 대로 약해지고 새로운 변화에도 적응하지 못하고 결국 죽고 만다. 갈매기의 꿈은 없는 듯 보인다.

인간과 동물의 잘못된 만남이 참으로 불행하다. 인간이 던져준 새우깡이 종(種)의 변화와 자연의 질서파괴로 이어진다면 자연 그대로의 갈매기 모습이 그리울 때가 올 것이다. 자연 속에서 순수하게 살아가는 갈매기 모습이 보고 싶다.

힘들고 외로울 때 맑고 경쾌한 소리로 불러주는 갈매기의 노래 소리가 그립다. 외로운 섬에 홀로 서 있는 등대가 칠흑 같은 어둠속에서 뱃사람들에게 항로를 안내해 주듯이 망망대해 갈매기들의 노래 소리는 심신이 지치고 외로운 어부들에게 꿈과 희망을 준다.

바다 그리고 갈매기, 외로움과 희망, 피곤함과 용기 그것은 항상 변함없는 갈매기의 노래 소리가 있었기에 가능했다. 조나단의 갈매기의 꿈이 실현되는 날 나는 한 마리의 갈매기가 되어 수평선 멀리 그리고 높이 날아가련다.

잊혀진 계절

고등학교 시절은 특별히 꿈도 많았다. '불가능은 내 사전에 없다'라는 나폴레옹의 말도 가끔 되새기곤 했다. 비록 그 뜻을 다 이해하여 머릿속에 넣었는지는 모르지만 두꺼운 「정통영어」도 거침없이 소화해 냈다. 돌도 삭인다는, 한참 먹는 나이에 노란 알루미늄 도시락 1개, 그것도 밑에는 보리밥을 많이 넣고 위에만 흰 쌀밥으로 살짝 덮은 도시락이었다. 행여나 시어빠진 배추김치 국물이 새어나와 책과 옷을 적실까봐 책가방에 조심히 넣고 가져간 그 위장 도시락도 3시간이 끝나면 배가 고파 쉬는 시간에 선생님 몰래 미리 까먹어 버렸다.

학교수업 8시간을 마치고, 학원 강의 1~2과목 들으면 밤10시가 된다. 자취방에 돌아와 책가방을 풀어놓으면 파김치가 되어 쓰러질 법도 하건만 예습과 복습 때문에 내려오는 눈꺼풀을 세수와 스트레칭으로 참아야만 했었다. 이렇게 책과 싸우는 3년 세월의 결실로 해군의 정예간부가 되는 해군사관학교에 입교하게 되었다.

구름 속에 높이 솟은 천자봉의 정기와 푸른 물결 넘실거리는 옥포만의 새로운 환경에서의 생활, 물리적 정신적으로 새로운 인간을 만들어내는 4년간은 나에게 제2의 인생을 창조해 주었다. 개인의 특성이나 자유로운 사고는 없이 오직 국가관만을 강조했던 까닭에 교육을 통한 인간성은 자신도 모르게 조금씩 변해가고 있었다. 항상 당당하게 가슴을 쭉 펴고 눈은 전방 45도로 독수리같이 빛나며, 오대양을 호령하는 기개와 포부는 점점 멋지고 사나이다운 대한의 남아로 길러지고 있었다.

'폼생 폼사'의 대명사이었던 산뜻한 복장과 박력 있는 걸음은 뭇사람들로부터 선망의 대상이 되었건만 화려했던 생도시절의 화사한 벚꽃은 나에게 그저 흰색에 불과했을 뿐 계절의 낭만은 보이지도 들리지도 않았다. 내 몸의 주인인 정신이 이토록 아름다운 자연의 감동을 느끼지 못했으니 생도시절의 메말라버린 정서만을 안타까워하며 스스로를 탓할 뿐이었다.

졸업과 소위임관, 검푸른 파도 위 갈매기 벗 삼아 낭만과 고독을 달래며, 마도로스 파이프에 청춘을 녹이고 한 치의 빈틈도 없이 조국의 바다를 지키겠다는 굳은 각오는 학창시절의 푸른 꿈이었다. 흙냄새가 그리울 땐 항구 찾아 달래고 사랑이 그리울 땐 파도 속에 뛰어든다는 20대 내 젊은 청춘은 둥그런 수평선 위 구심점에서 강풍과 강추위와 용광로 같은 철판의 숨 막힘을 사나이 한 목숨 초개같이 불사르겠다는 의지로 외로움과 고통을 먼 훗날의 영광으로 승화시키곤 했었다.

그러나 가끔 초지일관 굳은 약속도 때로는 환경의 도전을 받아 흔들리기도 했었다. 혹시나 길을 잘못 들지나 않았나. 평소 내 마음속에 그린 그림은 이것이 아닌데. 그때마다 4년간의 교육, 고교 학창시절의 포부가 불현듯 떠올라 나약하고 못된 생각을 한 자신을 호되게 질책하곤 했었다.

40여 일간의 긴 출동으로 가족과 떨어져 있으면서 마음으로만 안부를 전해야 했던 해상유배 같은 함상생활에서 오직 무소식만이 희소식 그 자체였다.

어느 날 배불렀던 아내 곁에는 생전초면의 갓난아이가 누워 이상한 몰골을 한 아저씨를 물끄러미 쳐다보다가 앙! 하고 이불 속으로 들어가 버리는 참으로 안타까운 현실 앞에서 허탈해진 감정을 감출 수 없었다.

바다와 생사고락을 같이 했던 20여 년의 해군을 떠나면서 조직은 항상 모든 사람들을 다 필요로 한 것은 아니므로 그 시기를 적절하게 판단하는 것은 현명한 삶의 지혜라는 평범한 진리도 터득하게 되었다. 삶의 변화는 시대에 따라서 변화한다. 지금은 평생직장이라는 개념이 없어졌지만 6·25전쟁 전후 태어난 세대들에게 직장을 바꾼다는 것은 큰 변화가 아닐 수 없었다. 사회는 이미 숨 가쁘게 변화하면서 삼팔선, 사오정, 오륙도 등의 은어(隱語)들이 사회상을 대변하고 있었다.

사회와 동떨어진 폐쇄된 조직에서 생산성과 거리가 먼 군사전문 지식만 다루다가 50전후 중년의 나이가 되어 사회에 첫발을 내디뎠을 때 기업마다 구구조정과 세대교체 바람이 강하게 불고 있었다. 설상가상으로 IMF까지 겪게 되었으니 그런 메마른 사회에서 따뜻한 온정을 기대하기는 정말 어려웠다.

사람은 끊임없이 배우며 살아가는 존재이듯 나는 늦은 나이에 또 다시 새롭게 사회를 배우고 인간관계를 배워간다. 손수 다이얼을 돌리며 전화 거는 법을 배우고 지하철과 버스에 토큰을 내는 법을 배우고, 모르는 길은 쑥스럽지만 물어보면서 사회에 적응한다. 직장일이나 사업상 인간관계는 어찌 하루 이틀에 이루어지겠는가마는 수없이 많은 시행착오를 겪으면서 몸에 배인 군인의 티를 하나 둘씩 털어내는 것이 나의 또 다른 삶의 시작이었다.

온상의 화초는 밖에 나왔을 때 외부환경에 민감하게 반응하지 않으면 추워서 얼어 죽는다. 그 변화는 사람이 인위적으로 조작하기도 하고, 자연의 법칙에 따라 스스로 살아남기 위한 수단을 강구하기도 한다. 이성을 가진 인간은 자연과는 달리 악한 것에는 악하게 대하고, 선한 것에는 선하게 대해야 하는 것일까. 이 세상에 확실하게 믿을 것은 오직 자기 자신 뿐이라는 말이 생각난다.

옳은 말일 듯싶다. 여린 영혼이 착한 성품으로 항상 상대방을 배려할 때 되돌아오는 반응은 실망과 배신뿐이었다. 자신의 가치나 인격은 남이 알아주지 않는다. 그렇다고 위선과 허울뿐인 과거만을 자랑하며 살 수만은 없는 일이었다. 사회구조의 특성은 일단 내가 먼저 살고 봐야 하니까 말이다.

그러려면 온상에서 갓 나온 화초지만 먼저 자신을 웅크려보고 남에게 속임을 당하지 않도록 먼저 공격할 준비를 하는 것이 최선의 방책일 것이다. 고슴도치는 위험에 처했을 때 가시로 자신을 보호하고 뿔이 나 있는 동물들은 뿔로 자신을 보호하며, 또한 맹수들은 강한 이빨로 상대를 공격하여 쓰러뜨리지만 나는 가시도, 뿔도, 강한 이빨도 없이 그저 맨몸이었으니 얼마나 취약했겠는가.

그래서 여린 영혼의 외출은 항상 못 미덥고 걱정스러웠다. 이제 자신을 스스로 보호하기 위해서 급변하는 사회 환경에 발

빠르게 대응해야 한다는 삶의 교훈도 터득해 가며, 오늘도 잊혀진 계절 속에서 보람 있고 즐거운 미래를 하나씩 하나씩 설계해 가고 있다.

첫사랑의 향수

구불구불한 동해안 길을 따라 버스는 힘겹게 달린다. 소나무 위에 수북이 쌓인 하얀 눈은 백로의 모습도 감춰 버렸다. 아침 햇살이 유난히 강하게 비친다. 반짝이는 금빛 모래 위에 평온하게 펼쳐진 바닷가 백사장에는 밀려오는 파도가 흰 포말을 토하며 연신 부서지곤 한다. 눈 덮인 겨울 해안 길 오가는 차량이 별로 없어 적적한 기분이다. 차창 너머 검푸른 동해바다가 사색에 잠긴 길손을 유혹한다. 바다 멀리 둥그런 수평선 위에는 마스트만 보이는 화물선이 띄엄띄엄 파도에 파묻힐 뿐이다. 해안가에는 통통배 소리도 들리지 않는다.

상처 입은 첫사랑의 잊혀진 향수는 겨울바다를 더욱 냉랭하게 만든다. 팔짱 낀 연인의 손길에서 시와 노래가 묻어 나오고,

치받아 올린 외투 깃에서는 겨울 낭만의 세레나데를 훔쳐보게 한다. 철지난 바닷가에 남아있는 모래성은 한여름 뜨거운 햇살 아래 도란도란 이야기 나누던 연인들의 모습을 떠올리게 한다. 스멀스멀 소리 없이 밀려온 파도에 두 연인은 놀라 팔짝 뛰고 힘없이 빠져나간 그 자리엔 반쯤 파묻힌 조개들의 합창이 귀를 간지럽게 한다. 바닷가 마을 어귀 어린 아이들의 재잘거리는 소프라노 소리가 아련히 들려온다.

한바탕 회오리바람이 지나간다. 흰 모래기둥이 용틀임을 하며 하늘로 오른다. 파도에 실려 오는 갈매기 노래 소리가 바람을 가르고 모래톱 쓸고 가는 파도소리가 귀를 열어준다. 첫사랑의 아름다웠던 꿈이 살포시 피어난다. 나에게 첫사랑은 귀엽고 아름다운 여인이 아니다. 우중충한 회색 페인트의 갑판위에 사람 아닌 군인들만 가득하고, 그리고 살벌하게 쭈뼛쭈뼛 포탑들만 장착된 철로 만들어진 군함이 나의 첫사랑이다.

금강산과 동해바다가 만나 맑은 공기와 풍성한 해물 먹거리를 쏟아낸다. 바닷가에 즐비하게 늘어선 오색찬란한 횟집들의 불빛은 길손을 소리 없이 유혹하고, 작은 바닷속 수족관의 오징어는 시꺼먼 먹물연료를 미사일처럼 발사하고 있다.

휘청거리는 긴 다리의 음흉한 발놀림으로 도마 위 차례를 기만한 졸깃졸깃 대게는 핑크빛 소녀의 수줍음인 양 반짝이는 두 눈을 내리깔고 콩나물에 미나리 쓱쓱 썰어 넣은 얼큰한 복어탕은 냄비에서 보글거리며, 취객들의 구미를 당기고 있다.

휘영청 떠오르는 밝은 달은 검푸른 물결을 감싸고 고요한 항구는 이별과 사랑을 되새기게 한다. 밤하늘에 쏟아지는 별빛은 광활한 우주 속 한 점일 뿐인 나를 살포시 어루만진다. 젊은 날의 고민을 고스란히 버리고 희망을 주는 곳, 이곳이 바로 신이 내려주신 동해의 파라다이스이리라.

동해의 겨울바다는 첫사랑을 잉태한 곳이다. 젊음의 꿈을 펼치게 만든 곳이다.

강추위도 뜨거운 정열 속에 녹아난 곳이다. 파도에 취해 끊임없이 토해내고 텅 빈 머릿속일지라도 자이로 몸체만을 꼭 붙잡고 광채 나는 눈으로 북녘을 바라본 곳이다.

종교와 사랑이 뿌리를 내린 곳도 역시 동해의 겨울 바다이다. 북위 38도 33분 선상(線上), 산등선의 등대 2개가 일치되는 곳이 바로 한국군함이 올라갈 수 있는 마지막 선(북방한계선)이다. 가까우면서도 먼 북녘 땅 수원 단에는 하얀 이를 드러내고 부서지는 파도만이 남, 북의 안타까운 대치상황을 말해주고 있다.

그러나 지금은 다행스럽게도 금강산 여행길이 열려 남한의 여객선이 이 선을 자유로이 넘나들고 관광버스가 달리고 있다. 6·25전쟁 때 끊겼던 철길도 이어져 있다. 하지만 긴장감이 팽

배했던 그 시절에 이 선은 살벌한 남, 북 대치선이었을 뿐이었다. 냉전과 해빙이 교차되는 시점에 서 있는 나는 마음이 착잡하기만 하다.

동트는 새벽이다. 불그스레한 기운이 바다 한가운데 자리한다. 수평선 너머 칠흑의 바다도, 속세의 바닷가 모래도 밝은 희망을 맞이한다. 이글거리는 태양이 바다 속에서 올라온다. 온통 붉디붉은 쇳물바다이다. 인간과 자연을 아우르며 힘차게 올라온다. 첫사랑의 향수가 느껴진다.

동해의 겨울 바다는 나에게 꿈과 사랑과 종교를 가르쳐 준 곳이다.

해파리와 춤을

태양이 작열하는 7월의 바다는 더위에 지쳐서 파도조차 만들어 내는 것을 힘들어한다. 주름 한 점 없는 물거울 위 다이아몬드 광채가 두 눈을 시리게 한다. 바다를 식혀줄 바람조차도 지나가지 않는다. 길게 펼쳐진 모래밭 위로 큰 너울이 어깨동무하고 몰려온다. 기쁨의 비명과 환희의 메아리가 반향 없이 부서져 버린다.

저 멀리 바다에서는 하얀 비닐 우산 모양의 해파리떼들이 널따란 우산, 좁다란 우산, 찢어진 우산 모양으로 바람 따라 떠내려가면서 폈다 접었다 춤을 춘다. 사람들은 팔과 다리를 이용하여 평형, 자유형, 배영 등으로 빨리 이동하지만 어떤 경우에는 제자리에 서서 고개를 물위에 내놓은 채 발과 손으로 직립수영을 하면서 해파리와 함께 춤을 추는 수영도 있다. 그런 여유 속에서도 해파리 떼들은 자칫 잘못하여 그물에 걸리거나 혹은 파도에 떠밀려 육지에 올라오면 다시 바다로 들어갈 힘을 잃고 해파리의 일생은 끝이 났다. 95%가 수분으로 이루어진 부드러운 우뭇가사리 같은 강장 해파리는 습기가 말라버리면 몸은 가루가 되어 공중에 떠다니다가 사람들의 몸에 들어가 질병을 일으키기도 한다.

해파리는 플랑크톤 무리에 속한 하등 동물이지만 우산의 가장자리 촉수표면에는 자포(刺胞)가 있어 그 속에 독침이 있다. 빨강해파리, 산데리아 해파리, 카리브 해 해파리들이 여유로운 춤을 추면서 먹이도 잡고 독침의 낭만도 즐기고 있다. 적조현상으로 바다가 온통 붉은 색으로 변하면 해파리의 성숙은 왕성해지고 독성도 강해지는데 많은 무리가 바닷가에 밀려들면 온 바다는 희멀건해진 채 투명 숲으로 변하고 만다.

이마를 스치는 부드러운 바람이 바닷물을 어루만지며 지나간다. 낮잠에 취해있던 해파리들의 격렬한 군무가 시작된다. 음악도 없이 관중도 없이 그저 자기들끼리 흥이 나서 너풀거린다. 사람들은 그들의 증오의 관객이며, 평화로운 춤을 방해하는 훼방꾼들이다.

겁에 질려 꽁무니를 빼면서 손과 발로 해파리와 함께 춤을 추지만 영혼도 없고 정(情)도 없는 개(犬)수영에 불과하다. 멋진 춤을 추기 위해 손을 잡고 환상의 커플 춤도 출법하련만 어김없는 독침 뿐 빙상도 아닌 물속에서 사람들은 두 손으로 전진과 후진 또는 민첩한 회전을 시도하며 고독한 춤을 추고 있다. 그러면서도 해파리와 눈을 마주치면 움찔하여 두 눈을 내리고 만다. 자연과 조화되는 소리 없는 영감(靈感)의 춤이다.

사람들은 가끔 해파리와의 흥겨운 춤에 도취되면 독침에 쏘이는 줄도 모른다. 한참이 지나 따갑고 빨갛게 부어오르면 통증을 느낀다. 요사이는 독성이 강한 해파리 떼들의 출몰이 자주 있기 때문에 바닷가에 갈 때에는 식초나 암모니아수 준비를 꼭 잊지 말아야 한다. 필리핀 근해에 서식하는 해파리나 호주해안에 서식하는 상자해파리는 사람을 죽이는 강한 독성을 가지고 있다고 하니 우리나라 근해에서도 일단은 조심해야 할 것 같다. 어떤 경우에는 함께 춤을 추고, 어떤 경우에는 웰빙 식품으로 오이, 맛살, 연 겨자, 깨소금 등을 넣어 해파리냉채를 만들어 오독오독 씹으며, 후루룩 마시는 사람들에게서 역겨움을 느낄 때도 있다.

강풍이 불어 바다가 성내면 멀미에 취한 해파리 떼들도 뿔뿔이 사방으로 흩어져 버린다. 물속 깊은 곳으로 잠형을 해 버린 것일까. 바닷가로 밀려가 은신하고 있는 것일까. 부서지는 흰 포말에 휩싸여 파도타기에 재미있어 하고 있겠지. 한바탕 소요 후에 바다는 잔잔해진다. 또다시 해파리 떼들의 화려한 춤이 시작된다. 그러나 나는 지쳐 오랫동안 그들과 함께 춤을 추지 못한다. 비록 먼 거리를 두고 추는 춤이지만 어떤 경우에 나는 해파리 떼 안에서 허우적대고 있을 때가 있다. 독침들이 나를 겨냥하고 있다. 두 손으로 물을 휘저어 멀찍이 그들을 흩어지게 한다. 그리고는 일정한 간격을 두고 다시 흥겨운 춤을 추기 시작한다.

독침과 냉채의 먹거리를 사람들에게 제공해 주는 해파리는 수분, 단백질, 지방, 탄수화물 등이 풍부하여 한의학에서 강장 해독약으로 종종 쓰이고 있다고 한다. 신경안정 효과가 있어 중추신경 진정작용이나 말초혈관 확장 작용제로써 쓰이기도 한다. 인간에게 병 주고 약 주는 해파리이다. 내년 여름에도 검푸른 파도가 밀려오는 동해안에서 해파리와 함께 더 멋있는 춤을 출 것이다.

적도제

땅위에 만들어진 도로는 눈으로 볼 수 있지만 바다나 하늘길은 눈에 보이지 않는다. 바다의 선박이나 하늘의 항공기는 운행하기 전 항로를 선정하여 가장 가깝고 안전한 곳을 선택한다. 모든 움직이는 물체들은 반드시 현재의 위치－어떤 지점으로부터 방향과 거리 혹은 경위도－를 항로상에 찍을 수 있다. 재래식 방법으로는 천체나 육상 고정물표를 사람이 직접 측정해서 표시했다. 현재는 자동항법으로 위성에서 지속적으로 움직이는 물체의 위치를 알려주고 있다.

아마도 15세기경 콜럼버스가 아메리카 대륙을 발견했을 당시에는 재래식방법으로 위치를 냈고, 또 뱃사람들의 오랜 경험으로 항해를 했을 것이다. 물론 미지의 세계에 대한 도전이었기 때문에 최초 목적했던 곳이 아닌 엉뚱한 곳에 정착했을지도 모른다. 그곳에서 원주민과 목숨을 건 험난한 투쟁을 하며, 어떤 경우는 함께 사는 인류애를 발휘했을 것이다. 어떤 경우에는 어느 한 쪽이 완전히 말살되어 없어질 때까지 피나는 싸움을 계속 했을 것이다.

인류의 초기 신앙은 태양, 나무나 돌, 동물 등을 숭상했고 그것들을 터부시 했다. 사람들은 그런 숭상물들에게 물건을 바치고 빌면 소원이 이루어지고 개인이나 마을에 재앙이 닥쳐오지 않는다고 믿었다. 특히 큰일을 앞두거나, 바다나 하늘로 멀리 위험한 여행을 할 때에는 반드시 천신(天神), 해신(海神) 혹은 산신령(山神靈)께 빌고 떠났었다. 그런 무속신앙도 현재는 과학화나 전산화 되어 체계적으로 발전되어 가고 있지만 지금도 하늘이나 바다에서 군사작전을 하는 사람들은 13일(금요일)은 되도록 피한다.

인간은 자연 앞에 나약하고 절대적인 존재가 아니기 때문에 항상 무엇인가에 의지하려는 심리현상이 있다. 심리적으로 불안한 상태에서 위험한 일을 아무 탈 없이 해냈을 때 신앙의 힘이 작용했다고 자위하면 마음이 편하기 때문이다.

바다 위에서 모든 선박들은 적도를 통과할 때 적도제를 지낸다. 적도제란 17세기경 네덜란드나 프랑스 선박들이 위험한 해역을 통과할 때 해신의 노여움을 달래기 위해 선상에서 치러지는 제사이다. 적도란 무풍지대인 위도 0도를 말하는데 이 지역을 무사히 지나가게 해 달라고 지내는 제사이다. 제사준비도 복잡하고 요란스럽다. 제주(祭主)인 선장은 목욕재개하고 제사 차리는 선원들은 선미갑판에 제주를 묶어 바다에 던질 수 있는 바구니를 준비한다. 그리고 용왕의 임무를 대행할 선원은 화려한 복장을 갖추고 용왕을 보좌할 시녀 선원들은 잡귀를 쫓아낼 해초 형태의 큰 부처와 큰 종이칼을 준비한다. 요란하게 변장한 선원들의 괴성과 깨진 프라이팬 난타로 선상 가무와 춤이 시작된다. 먹음직스럽게 차려진 제상 한 가운데는 돼지가 활짝 웃고 있다.

용왕이 시녀들을 데리고 나와 좌상한다. 제주인 선장은 맨 먼저 나와 돼지 입에 배춧잎을 물리고 술잔을 3번 돌린 후 재배하는 초헌례(初獻禮)를 행한다. 고요 속의 낭만이 순간으로 흐른다. 뱃고동소리가 길게 늘어진다. 이제 막 적도를 통과하는 순간이다. 참가하는 모든 선원들이 제자리에서 무릎 꿇고 머리를 조아린다. 바다가 잔잔하고 무사하기를 바라는 선원들의 심정이 얼마나 간절하였으면 저런 경건한 예를 표할까. 무속신앙의 힘을 인정하고 싶었다. 이제 험상궂은 선원 몇 명이 선장을 꽁꽁 묶어 바다에 던지는 순서이다. 심청이가 아버지의 눈을 뜨기 위해

공양미 삼백 석에 몸을 팔고 인당수 한가운데 던져졌을 때 용왕의 분노로 성났던 바다가 갑자기 잔잔해지는 소설속의 한 장면이 연출되었다.

축관선원은 제문을 읽고 축문을 불태운다. 그리고는 아헌례(亞獻禮) 순서로 각자 나와 절을 하고 돼지머리에 돈을 물린다. 그들의 진지함에서도 나름대로의 바라는 바－순항, 가족의 안녕, 친지의 안부 등－가 있다는 것을 엿볼 수 있다. 마지막으로 선박의 제일 막내 선원이 종헌례(終獻禮)를 하면 적도제가 끝나고 모든 선원들이 둘러앉아 한바탕 잔치를 한다. 바다 위 좁은 선박의 공간에서 바닷 사람들만이 망망대해 적도를 지내면서 특별히 행해지는 제사는 소박한 사람들의 애환과 정서가 담긴, 무시해 버릴 수도 없는 순수한 무속신앙이 아니겠는가.

거울처럼 잔잔한 바다 위로 한 마리의 날치가 뛰어 오른다. 실낱같은 작은 파도가 힘없이 번져가다가 사라져 버리고 만다. 이글거리는 태양빛에 사방은 다이아몬드 광채로 반짝거린다.

선박은 목표항구를 향해 계속 미끄러져 간다. 하늘과 바다사이에서 인간은 한없이 보잘 것없는 자연의 티끌에 불과하지만 그래도 위대한 업적을 행한다. 이제 적도 무풍지대를 지나면 또 다른 험한 파도가 우리를 기다리고 있을지도 모른다.

인간은 항상 미래를 예측하고 살아간다. 정확히 점칠 수 없는 곳에 행복과 불행이 함께 인간을 기다리고 있기 때문이다. 종교는 행복만을 추구할 뿐 불행은 원치 않을 것이다. 그래서 자연 앞에 나약한 인간은 종교나 무속신앙도 항상 염두에 두고 있는지 모른다.

바다 이야기

요즈음 사회적 물의를 빚고 있는 사행성 오락게임인 '바다이야기'가 아니다. 지구의 3/4을 차지한 바다 이야기이다. 삼면이 바다인 우리나라에서 바다는 더욱 관심을 갖게 한다. 동해는 일본과, 서해는 중국과 인접해 있어 국가적 차원에서도 바다는 중요하다. 육지는 확실한 경계가 있지만 바다는 눈에 보이지 않는 임의의 선(육지로부터 15마일)을 정하여 영해(領海)라 칭하고 국제간 승인 하에 통치권을 행사하고 있다.

중국과는 대륙에서 흘러나온 토사가 대륙붕으로 형성되어 있어 한·중 양국간 해저 개발문제를 놓고 영토분쟁을 하는가 하면 공해(公海)상 바다 밑 암초도 자기네 것이라고 억지 주장을 하고 있다. 한편 일본과는 독도문제로 양국간 첨예한 대립을 하고 있다. 일본은 역사적 자료를 제시하며, 독도가 자기네 땅이라고 터무니없는 주장을 하고 있다. 해도상에도 일본해로 표기하여 양국간 정치쟁점화 하고 있다. 또한 일본은 국력을 과시라도 하려는 듯 순시선이나 정찰기를 주기적으로 독도 근해에 내보내어 그 행위를 기록에 남기고 있다. 또 해양조사활동을 통하여 우리의 반응을 주시하며, 국제법적으로 근거를 남기기 위해 국제사법재판소에 재소하기도 한다. 이런 행위는 장기적인 전략차원에서 국제사회의 동의를 얻어내어 미래 역사에 유리한 입장을 선점하기 위하여 의도적인 행동을 간헐적으로 하고 있는 것이다.

푸른 바다는 천차만별의 수심에 따라 지하자원, 어족자원, 그리고 해초류도 여러 가지 다른 모양으로 존재한다. 한류와 난류는 오대양의 해수 흐름벨트를 형성하여 끊임없이 돌고 있다. 밀물과 썰물이 있어 바닷물이 밀려들어왔다가 또 밀려나가기도 한다. 바다 위 하늘에는 갈매기가 오가는 고깃배와 상선들의 외로움을 달래주는 벗이 되고 점점이 박힌 수많은 섬들은 그리움을 껴안은 채 육지로 불어가는 바람에 애달픈 사연을 날려 보내기도 한다. 그래서인지 바다가 있기에 가슴이 아프고 바다가 육지였다면 이별만은 없었지 않았을까 하는 애절한 노래들이 생겨나 섬사람들의 심금을 울려주고 있는 것이다.

난류는 적도에서 양극 쪽으로 흐르는 따뜻한 해류로서 수온과 염분이 높아 산소와 영양염류가 적어 검푸른 색을 띤다. 한류는 양극 쪽에서 적도방향으로 흐르는 차가운 해류로서 수온과 염분이 낮아 산소와 영양염류가 풍부하여 플랑크톤이 많으므로 청록색을 띤다.

회귀성 물고기 연어는 우리나라 동해안에서 치어를 방류하면 해수의 흐름벨트를 따라 저 넓은 태평양으로 나가 어미가 되어 다시 알을 낳기 위해 우리나라를 찾아온다.

한편 밀물과 썰물은, 달과 태양이 지구의 해수면에 미치는 인력에 의해서 해수면이 상승하거나 하강하는 현상의 하나다. 바닷물이 가장 많이 빠지고 가장 많이 들어오는 시기를 '사리'라 하고 가장 적게 빠지고 가장 적게 들어오는 시기를 '조금'이라고 한다. 일 년 중 7월 보름 때 지구와 달이 가장 가까워 사리가 가장 크게 일어나는데 이때를 백중사리라고 한다. 밀물과 썰물은 하루에 2번 일어나는데 우리나라 인천은 조고차가 9m 정도 되어 세계적으로 아주 큰 편에 속한다. 그래서 얕은 수심 때문에 황색의 바닷물이 많이 빠졌다 들어오는 서해를 황해라고도 하지만 동해는 수심도 깊고 바닷물도 많이 빠지거나 들지 않으므로 바닷물의 색깔도 항상 맑고 검푸르다.

서해는 바닷물이 빠져나가면 물속 플랑크톤도 함께 휩쓸려나

가므로 낚시하기에는 좋지 않으나 갯벌 위에는 생물들의 환상적인 푸짐한 만찬이 시작된다. 해초류는 내리쪼이는 햇볕을 흠뻑 받아 그 푸르름을 남몰래 간직하고 흥에 겨운 조류 떼는 정신없이 주둥이로 써레질을 한다. 갯벌을 새까맣게 뒤덮은 날렵한 발놀림의 대부인 살살이 게 무리는 심판도 없는 달리기 경주에 정신이 없다. 앙증스런 지느러미를 힘껏 펼친 망둥이 무리는 한 치라도 더 멀리 가 보려고 폴짝폴짝 뛰어댄다.

모두가 소리 없는 무질서 속에 질서를 연출하는 멋진 장면이다. 이 무질서의 광장에 한 발짝 두 발짝 인간의 흔적이 접근한다. 순간 무서운 침묵이 흐른다. 긴급경계경보를 발령했을까. 요란스럽던 만찬은 온데 간데 없고 으스스한 바람만 주변을 감돈다. 아마도 그들에겐 인간은 가장 두려운 적이라고 생각할 것이다. 바닷물이 스멀스멀 밀려들어 온다. 갯벌도, 만찬도 어느새 살포시 덮어버린다. 활기찬 생명력으로 가득했던 갯벌은 바닷물로 넘실거리면서 이제 잔잔한 평온을 되찾는다.

우리나라는 남서해안에서 바다가 갈라지는 기적이 종종 관찰된다. 그 중에서도 전남 진도군 고군면 회동리와 의신면 모도(띠섬) 사이의 바다는 해마다 음력 3월 보름을 지난 대사리 때에 바닷길이 드러나는 신비한 현상이 펼쳐져 현대판 모세의 기적을 연출한다.

이 현상을 해할(海割)이라고 하는데 원리적으로 보면 퇴적으로 쌓인 모래톱이 썰물 때에 드러나는 아주 단순한 현상이다. 이곳 외에도 남서해안의 여러 군데서 해할 현상이 자주 일어나고 있으나 진도만큼 주목을 받지 못하고 있을 따름이다. 진도의 해할은 밀물과 썰물의 차가 4m이상일 때 나타나며, 드러난 바닷길의 너비는 30~40m로 1~2시간정도 지속된 것을 보면 모세가 이끌었던 수만 명 정도의 히브리인들도 쉽게 지나갔을 것으로 생각된다. 이때를 놓칠세라 지자체에서는 대대적인 이벤트 행사를 개최하여 많은 관광객을 불러들이고 있다. 이 또한 자연이 인간에게 가져다준 크나큰 혜택이 아니겠는가,

하늘과 바다 그리고 우주에는 인간이 있다. 하늘에서는 태양이 공중이나 물위 혹은 물속의 생물들에게 빛의 생명을 불어넣어 주고 있다. 지상의 빗물은 흘러 강이나 바다를 이루어 생명체에게 삶의 근간을 만들어 주고 다시 수증기화 하여 하늘로 올라가 비를 만든다. 이러한 자연의 순환이 있기에 우주의 모든 생명도 끊임없이 생겨나고 성장하고 죽는 변화를 거듭하며, 생태계 질서도 유지되어 가는 것이다. 그러나 인간의 무분별한 개발이나 편리한 생활의 추구로 지구는 많은 상처를 입고 있다.

지구 온난화 현상으로 북극의 빙하가 하염없이 녹아내려 해면의 높이가 일년에 30ft 정도 불어 오르면 해발이 낮은 국가는

언젠가 바다 속으로 없어져 버릴 운명에 처할지도 모른다. 또 엘리뇨 현상으로 기상이변이 지구상 여러 곳에서 생겨 많은 인명과 재산을 잃게 된다. 자연을 무시한 인간은 다시 자연의 재앙을 되돌려 받는 것이다. 바다 이야기는 인류가 자연을 보호하고 그 속에서 미래의 꿈과 이상을 실현해 가보자는 말이다.

해구신 술

화창한 봄날이다. 차창밖에 전개되는 봄의 정취는 상큼하다. 신선한 향기를 내뿜는 노란 개나리, 분홍빛 진달래는 상춘을 즐기려는 나의 마음을 솜털 같은 환상의 세계로 빨려들게 하고 있었다. 40명의 재경 고교 동창들이 경남 동창들의 초청을 받아 관광버스에 몸을 실었다. 상호 안부 인사를 주고받은 중에도 두 눈은 이미 스쳐가는 차창 밖의 화사한 봄기운과 또 다른 대화를 하고 있었다.

조용한 침묵이 한참 흘렀다. 자리에서 머뭇머뭇 일어난 나는 조심스럽게 마이크를 잡고 약을 소개하기 시작했다.

여러분들의 마음은 이미 천상의 꽃 바다에 묻혀 흰 꿈의 미로에서 선남선녀의 날개옷을 훨훨 휘날리고 있을 것이지만 기왕에 좋은 약을 가지고 나왔으니 특별히 남성들에게는 비장의 선물이 될 것이다. 이것은 해구신(海狗腎)술 일명 물개 ××술로서 정확히 1년 동안 숙성시켜온 천하제일의 술중의 술, 정력제 중의 정력제 바로 그것입니다. 이 정력제 술을 만들게 된 배경은 지금으로부터 3년 전 한국의 청정해역인 백령도 두문진 해안에서 아주 어렵게 구한 순수 국산 해구신으로서 본인이 직접 지난 해 4월 온 정성을 기울여 순 곡주로 담갔으며, 이 술을 담글 때 목욕재개하고 한 달 동안이나 아내와 자리를 같이하지 않았으니 어찌 신비하고 귀한 술이 아니겠는가.

우리 인간들에게 50의 나이를 넘으면서 꼭 필요한 필수 아미노산과 뼈를 튼튼히 하는 칼슘과 영양과 혈액을 원활히 돌게 하는 비타민이 듬뿍 들어있는 특수강장제 보신술이 필요하던 차에 이 귀한 술을 만났으니 얼마나 다행한 일인지 모를 것이다. 이 귀한 술을 오늘 여러분들께 선사하는 목적은 동창의 단결과 행복한 가정생활과 건강을 위해서 수년에 걸쳐 고뇌하면서 준비했다는 것을 이해해 주기 바란다. 그런데 한 가지 남성들의 협조를 구해야 할 사항이 있다. 이렇게 귀하고 몸에 좋은 술을 우리가 그냥 마실 수는 없을 것 같다. 그 점 양지하고 특별히 희사하면 그 돈을 여기 참여하신 여성들의 또 다른 사기

진작을 위해서 사용하도록 하겠다. 그리고 한 잔 이상 마시면 효과가 없으니 양해하고 그 결과는 나중에 서울에 가서 개별적으로 전화 접수하면 고교 총동창회 회보자료로 사용하려 한다.

예나 지금이나 남자들은 몸에 좋다고 하면 사족을 못 쓴다. 어찌 남자 뿐이겠는가, 한국 사람들의 보편적인 성향이라고 해도 과언이 아닐 듯싶다. 6·25 전쟁 후 보릿고개가 있을 때에는 이것저것 따질 것이 없었다. 무엇이든 배만 채우면 되었으니까 말이다. 인간의 식문화나 기호문화도 세월 따라 경제능력 따라 많이 변했다. 삶의 질을 추구하면서 인간답게 살아보자는 의미가 크다.

그러나 그 변화는 일등 국민답게 변해야만이 인정을 받을 수 있을 것이다. 일부이긴 하지만 동남아로 보신관광을 떠난다든지, 국내에서도 감시망을 피해 몸에 좋다는 동물들을 밀렵하고 있다는 믿기 어려운 사실들이 있다. 그런 보도가 있을 때마다 나는 차라리 믿고 싶지 않은 심정이다.

아무리 말 못하는 짐승이지만 인간의 무모한 욕심을 채우기 위해서 처절하게 상처나고 죽어야만 하는가. 멀게는 생태계의 변화를 일으킬 수도 있을 것 같다. 그러나 어떤 경우에는 그런 동물들의 생태계 변화가 바로 인간들의 생활에 피해를 주고 있으니 인간과 동물, 인간과 자연과의 관계를 면밀히 파악하여 상호보완적인 상태가 되도록 연구검토를 해야 할 것 같다.

이런 이중적인 잣대 위에서 나는 해구신 술을 담가 동창들에게 선물했다. 그러나 아무리 귀한 것이라고 하지만 그 자체가 좋지 않았음을 통감한다. 다만 무료한 시간을 재미있게 꾸며 보려는 순수한 감정표현이라고 이해하면 될 것 같다. 그런데 어떤 이는 야생동물의 중요부위를 먹고 효험을 보았다고 또 어떤 이들은 한 겨울에도 감기 한 번 걸리지 않고 정열적인 몸을 유지하고 있다고 말하는 것을 들은 적이 있다.

의학적으로 검증된 것이 있다면 모를까 그런 보신물들은 개념적 생각, 느낌(기분)이 그렇다는 말이 아닐까. 성징의 특성은 따지지 않고 다만 교미 회수나 교미 시간만을 부러워 한 나머지 그것들이 동물임을 인식하지 못한 채 단순한 추측만을 숭배하고 있으니 빨리 허황된 꿈에서 깨어나야 할 것이다. 아마도 인간들의 몸에는 뭐니 뭐니 해도 세끼 거르지 않고 먹는 밥이 세상에서 제일 좋은 보약이니 말이다.

등대지기

칠흑같은 밤, 등대에서 비추는 한 줄기 불빛은 항해에 지친 뱃사람들에게 희망의 메시지이다. 비가 오나 눈이 오나 바람이 부나 상관하지 않고 밤이면 어김없이 바다 뱃길을 안내한다. 만선의 기쁨을 안고 귀항하는 어부의 마음을 알기라도 하듯 환호의 백색 손수건을 연신 흔든다. 조상대대로 바다에 생활의 터전을 둔 어부들은 별이나 달을 보고 자신의 위치를 찾고, 또 등대의 불빛을 보고 가야할 길을 알아낸다. 그것은 뱃사람만의 특권이다.

도로 위에는 신호등이 있어 자동차와 사람들에게 가는 방향을 알려주듯이 바다 위에는 등대가 있어 오가는 선박들에게 안전항해를 위한 안내 탑 역할을 해준다. 낮에는 독특한 색깔로,

짙은 안개 속에서는 소리로, 밤에는 깜박거리는 불빛으로 항해를 안내한다.

세계 최초의 등대는 기원전 280~250년 전 알렉산드리아 해입구에 세워진 높이 135m의 파로스인데 광달거리가 40㎞였다. 우리나라 최초는 1903년 인천의 팔미도에 세워진 등대로 광달거리가18miles이었다고 한다.

현대는 인공위성이 있어 움직이는 물체의 위치를 쉽게 알려준다. 문명의 혜택은 자이로나 육분의(섹스탄트) 등으로 위치를 알아낸 재래식 천측항해를 할 필요성도 없게 만들었다. 그러나 소형 통통 고깃배는 그런 장비를 설치할 공간도 없고, 운용할 사람도 없다. 도로상에서는 똑같이 교통규칙을 지키지만 주로 소형이 대형을 경계한다. 그러나 바다는 소형 선박들이 취약하기 때문에 큰 것이 작은 것을 경계한다.

등대지기의 외로움은 삶 그 자체이다. 그는 어느 순간 누군가에게는 등대 불빛이 생명의 불빛이 되기에 사명을 가지고 등대를 지킨다. 특히나 무인도에서 등대를 지키는 등대지기의 희생은 너무나 값지고 위대한 일이다. 외로움은 인체의 바이오 리듬을 변화시킨다. 사람은 말하고, 웃고, 여행하는 환경의 변화가 있어야 한다. 등대지기한테는 그런 변화를 기대해 볼 수 없다.

언젠가 무인도에서 한 등대를 지나는 여행자가 홀로 외롭게 잡초를 뽑고 있는 등대지기를 보고 말벗이 되어주기 위해 소주 한 잔 하자고 제의했다. 그러나 그는 사양했다. 다음날도 여전히 그 등대지기는 잔디 위에서 잡초를 뽑고 있었다. 여행자는 또 한 번 시간을 내어 달라고 했으나 등대지기는 거절했다. 여행자는 조심스럽게 그 이유를 물었다.

"지금까지 공직에 있다가 구조조정을 당해 이것저것 사업을 해보았으나 실패만 하는 인생의 쓰라린 경험을 겪고 다시 공직에 시험을 치러 이곳에 파견 나와 있는데 어찌 공직자로서 성실한 근무 자세와 봉사정신을 한시라도 잊겠는가. 현재 나에게 맡겨진 천직을 조금이라도 소홀히 하면 인근을 왕래하는 여러 선박들이 불편해하고 위험을 당할 수도 있으므로 더욱 긴장해서 완벽한 근무를 해야 되지 않겠느냐."

등대지기가 자신의 내면의 세계를 피력했다. 여행자는 등대지기의 인간됨을 보고 느끼는 바가 많았다고 한다. 이런 아름다움이 우리사회의 전체 분위기라면 얼마나 좋을까 하고 말이다. 그날 이후 그 등대는 더 밝고 그리고 더 멀리 비췄을 것이다.

나는 등대지기를 신분보장도 해주고 모범 공무원으로 특별한 대우도 해주어야 한다고 생각한다. 그들은 사생활도 없고, 위급한 병이 발생했을 때 응급조치를 받을 수도 없다. 친한 친구도 마음대로 만날 수 없다. 육지로 나가고 싶지만 마땅한 배편도 없다. 만약 육지에 나갔다가 강풍에 파도가 높아지면 되돌아 갈 수도 없다.

등대는 바다를 오가는 선박들에게 빛이요, 희망이요, 소금이다. 그 등대를 지키는 사람은 희생과 봉사의 선봉자다. 외로움과 싸우는 천사이다. 그들에게 격려의 박수를 보내고 싶다. 그들에게는 파도소리도, 갈매기 소리도 낭만이 되지는 못한다. 답답할 때에 저 넓은 바다를 향해 밝은 불빛만을 멀리 멀리 보내는 것 뿐이다.

축 처진 어깨를 위로 쳐들고 양팔을 흔들어 본다. 고개를 앞뒤좌우로 돌려 본다. 바람은 안마사가 되고, 파도소리는 도란도란 이야기 나누는 친구가 된다. 해가 지면 긴장된 일과가 시작된다. 눈은 천 리를 쳐다보고, 귀는 만 리 밖의 소리를 들으며, 별과 달을 보고 하루의 운세를 점치며, 조용한 바다 이야기를 오가는 사람들에게 들려주는 등대지기의 하루 일과를 생각해 본다.

내 마음은 호수요

노란 개나리 꽃바람이 호수 위를 간질인다. 활짝 핀 꽃 한 송이가 줄기에 매달려 대롱대롱 흔들리다가 물위로 떨어진다. 피라미 떼들이 우르르 몰려든다. 바람은 흔적없이 사라져 버린다. 다시 호수는 평온을 되찾는다. 잔주름조차 없는 잔잔한 수면은 거울 같고, 훤히 들여다보이는 바닥이지만 그 깊이를 알아 볼 수도 없다.

깊은 산속 호수는 사람들의 숨결이 그리워 소리 없는 메아리를 만들어보지만 아무런 반향이 없다. 사막의 호수는 수시로 엄습해오는 공포의 모래무덤을 피하지 못해 불안해하고 있다. 도시의 인공호수는 행여나 물이 빠져버리지나 않을까 염려한다. 돌을 던지고 쓰레기를 버리는 양심 없는 사람들을 두려워 인위적으로 건축한 댐 또한 슬픔을 안고 있다.

조상대대로 그 지역을 지켜왔던 사람들은 삶의 터전을 한 순간에 잃어버리고 새로운 곳에서 옛 고향의 향수를 달래며, 살아가고 있다.

"물은 높은 데서 낮은 데로 흐른다."는 섭리를 사람들에게 가르치지 못한 죄책감에 호수는 생명력을 잃고 허탈해 한다. 밀물과 썰물로 환경을 변화시키는 바닷물의 조화를 때로는 부러워하기도 한다.

호수에 저녁놀이 물들면 비로소 평화가 온다. 아침 안개 피어오른 수면 위로는 천상인지 수상인지 미세한 물방울들의 흩날림이 빛의 혼미함을 연출한다.

호숫가 낡은 벤치에는 명상에 잠긴 중년 남성의 실루엣이 어우러진다. 침묵속의 평온이 나래를 편다. 왕자의 머리를 스친 백조 한 마리가 호수 위를 지나간 것 같다. 잔잔한 바람이 호수 위를 지나간다. 호수는 숨을 쉬며, 역동의 잔물결을 만든다. 그러나 곧바로 호수의 유혹을 뿌리쳐 버린다. 기압의 변화가 그립다. 호수 밑바닥의 어둠도 빛을 그리워 하지만 자연은 호락호락 호수의 하소연을 들어주지 않는다.

조용한 서재에서, 깊은 산 속에서, 혹은 강이나 바닷가에서 홀로 깊은 상념에 빠져 본다. 명예와 돈과 욕심의 고리를 끊어

버리고 나에 대한 부정 "나는 없다."라는 비움의 길을 찾아본다. 산세가 좋고, 인적이 없고 그리고 기(氣)를 잘 품어주는 가야산 속 조용한 암자의 한 칸 방에 들어가 벽을 보고 정좌한 후 무념무상의 경지에 돌입해 보지만 복잡한 현상들이 뇌리를 떠나지 않고 주위를 맴돈다. 엿새가 지나니 내 마음에 편안함이 찾아든 것 같다. 나를 부정하고 욕심을 버리니 행복도 보이고, 잔잔한 호수도 보인다. 편안한 삶의 기준이 내게로 다가온 것이다.

이제 행복한 나의 인생목표가 선명하게 그려진다. 아쉽지만 한 순간의 개운한 꿈을 깨고 흐뭇한 미소를 지어본다. 고요하고 잔잔한 호수는 내 마음을 어루만져 주고 있다.

새벽 공기를 가르며

만(灣)이란, 바다와 연접해 있는 해안의 돌출부와 돌출부 사이의 커다란 포구를 말한다. 이 포구 안쪽으로 들어가면 선박들이 정박할 수 있는 일정한 시설을 갖춘 항구가 있다. 우리나라의 대표적인 만은 천수만, 광양만, 영일만 등이 있다. 곶(串)은 해안의 돌출부위다. 동해안에서는 호미곶(虎尾串)을 들을 수 있는데 일제 때부터 이곳을 토끼꼬리로 비하하여 우리 민족의 자존심을 무참히 짓밟아버렸다. 그러나 원래 이곳은 조선 명종 때 격암 남사고(1467~1546, 풍수학자)의 『영남 명당승비기』나 『대보향토사』 등의 문헌에도 호미곶(虎尾串)으로 명시되어 있었기에 관심 있는 사람들이 피나는 역사 되찾기 운동을 하여 다시 호랑이 꼬리(虎尾)로 개칭하여 부르게 되었다고 한다.

힘이 센 짐승들은 달릴 때나 자신을 보호할 때, 또는 자신의 힘을 과시할 때에 꼬리를 사용하기 때문에 일본인들은 우리의 국혼(國魂)을 말살해 버리려고 대한민국의 상징인 호랑이를 토끼에 비유했을 것이다.

그러나 이런 비뚤어진 역사를 바로 잡는 것은 다행한 일이 아닐 수 없다. 말로만 듣던 그런 명소를 한국수필가협회 세미나를 통해서 실제 접해볼 수 있는 기회를 갖게 된 것은 더 큰 영광이 아닐 수 없다.

우리나라에서 가장 먼저 해가 뜨는 곳, 48km의 긴 광달거리를 가진 호미곶 등대가 호랑이 꼬리에 세워져 동해바다를 오가는 모든 해상 선박들에게 희망을 던져주고, 호랑이 꼬리를 감싸고 있는 영일만은 동해의 푸른 물을 인자한 어머니의 품속처럼 끌어안고 있다.

토끼꼬리로 불려지고 있을 당시 개발의 뒷전에서 황량하기만 했던 이곳이 호미수회(虎尾樹會)의 나라사랑 일념으로 활기차게 변해가고 있는 모습이 보기 좋았다. 서상은 회장이 영일군수로 재직시 민족사적 책무를 통감하여 1985년 2월에 최초 등대박물관을 건립하여 유지해 오다가 2002년 10월에 국립으로 승격시켰다. 척박한 땅이지만 뜻을 굽히지 않고 이곳에 18년째 꾸준히 해송(海松)을 심어와 지금은 울창한 숲으로 변하여 5월의 신록이 만들어낸 상큼한 공기가 콧속을 건드렸다. 너무나 귀한 산림욕의 특혜를 받게 된 우리는 그저 감사할 뿐이다.

영일만 해안에는 군데군데 크고 작은 흰 색깔의 어망부표들이 널브러져 있다. 어떤 것은 길게 뻗어 있어 양쪽 부표에 깃발이 나부끼는 것도 있고, 어떤 것은 바닷물 속에 반쯤 들어가 있는 것도 있다. 그것들은 다행히 연안 가까이에 쳐져있어 항로 따라 오가는 대형 선박들이 스크루이 감기는 경우는 없을 것 같다. 그래도 가끔은 항로상에 튼튼한 꽁치어망이 길게 쳐져 있는 경우가 있기 때문에 여간 주의를 하지 않으면 안된다.

저 부표 밑에는 그물이 깔려있어 인간과 물고기들이 숨바꼭질을 한다. 『노인과 바다』에서나 있을 법한 낭만이지만 한 가닥 낚싯줄을 노인과 물고기가 서로 당기고 밀리는 힘 겨루기는 여기서는 아니다. 다만 물길 따라 먹이 따라 앞만 보고 나아가는 어리석은 물고기들의 습성을 이용하여 그물에 걸려드는 물고기들의 목을 조르고 있는 것이다. 촘촘하고 질긴 그물에 걸린 물고기들은 처음에 발버둥을 쳐 보지만 아무 소용없는 짓이라는 것을 알고 끝내 빠져나가기를 포기하고 만다.

생존경쟁은 인간들과 바닷속의 물고기들 간에 벌어지고 있다. 꼭두새벽, 다른 사람들은 곤히 잠자고 있을 시간이지만 영일만 어부들은 감긴 눈을 비비고 뱃전에 몸을 싣는다. 사방은 아직 껌껌하여 등대불빛도 선명하다. 파도소리도 아직 잠에서 깨어나지 않는 듯, 조용히 긴 하품만을 하고 있다. 갈매기도 아직 출항하는 어선들의 뱃전에 서성거리지 않는다.

50여 척 되는 소형 어선들이 가냘픈 백등 하나 만으로 자신을 알리며, 꼬리에 꼬리를 문다. 크기에 따라 엔진소리가 붕붕 혹은 통통거리는 소리를 낸다. 저 멀리 수평선 너머에는 벌써 해돋이의 붉은 기운이 바닷물을 끌어 올린 듯하다. 밤새 항해한 화물선은 파도에 지친 듯, 흔들거리는지 진행하는지 표시가 나지 않는다.

그러나 잠시 눈을 돌려 우리나라의 심장 산업인 포항제철의 높은 굴뚝을 쳐다보다가 고개를 돌리면 화물선은 어느새 많이 전진해 있다. 어선들은 어둑어둑하지만 그물 걷기에 정신이 없다. 잡히는 물고기들이 무엇인지 알 수 없다. 다만 연신 그물을 끌어당기며, 그물에 걸린 물고기들을 부지런히 떼어내고 있다. 아마 놀래미도 있고 꽁치도 있을 것이다. 또 어떤 놈은 통발 속에 갇혀 있어야 할 문어도 있을 것이다. 잡힌 물고기들은 생생하게 살아있을 때 제 값을 받는다. 배안에 만들어 놓은 해수 탱크에 한 마리 두 마리 조심스럽게 채운 후 만선의 기쁨으로 이제 곧 떠오르는 태양도, 점점 더 희미해진 등대 불빛도 멀리하며 항구로 향한다.

어부들은 해마다 해신에게 바치는 풍어제를 지낸다. 어부들의 안녕과 잔잔한 바다와 물고기들이 많이 잡히기를 기원하는 소박한 제사 앞에 어느 누가 부질없는 짓이라고 말할 수 있을까, 남의 그물에는 절대 손대지 않는다는 불문율의 양심과 밀물 썰물을 고려해서 그물을 올린다는 바닷속의 순리만을 그저 따를 뿐이다.

잡은 물고기들은 이웃과 서로 나누어 먹고, 또 찾아오는 손님한테도 후하게 대접하는 미풍양속은 태평양같이 넓은 마음에서 우러나오는 정(情)일 것이다. 이런 따뜻한 인정과 함께 파도와 물고기들과 무언의 대화를 나누는 뱃사람들만의 바다 위 생존경쟁은 보기 좋은 삶의 현장이다.

바다는 말이 없다. 그러나 출렁이는 파도 밑에는 각종 물고기들의 시끌벅적한 시위가 벌어지고 있다. 그 바다에 인간들의 선의의 생존경쟁과 아름다운 꿈과 희망과 미래가 펼쳐지고 있다. 그것은 바로 영일만이 있기에, 또 호미곶이 있기에 더욱 맑고 신선한 새벽공기도 가를 수 있는 것이다.

3.
사색의 언덕에서

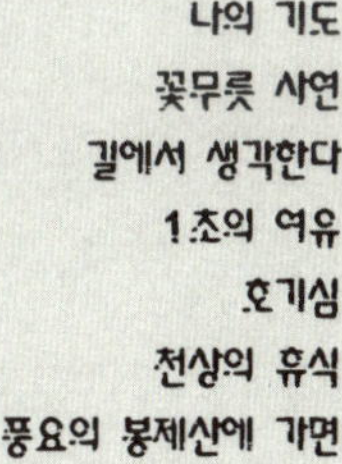

나의 기도

나의 기도는 하나님과 나와의 근엄한 관계에서 비롯된다.

나의 사랑하는 가족을 위해, 친구를 위해, 교우를 위해

하나님과 만나는 고요한 시간이면 적막의 파도가 잔잔하게 인다. 그땐, 기도하는 자신이 발견되고 충만한 감사를 느낀다.

건강, 좋은 직장, 하나님께 헌신하고 봉사하는 일

옳고 그름과 선악을 가려 주시기를 바라는 마음으로

아름다운 우주에서 행복한 삶을 누리기 바라는 마음으로

내 마음에 주 예수 그리스도를 영접하게 한다.

내 영혼을 구원의 길로 인도해 주시고

찬미와 고백의 기도를 하늘에서 들어주시고
올바른 나침반으로 삶의 방향을 잡아주시며,
항상 깨어있는 영혼으로 밝은 길을 밝혀 주신다.

감격의 기도로 주님께 영광을 돌리던 날
뜨거운 가슴으로 기쁜 찬양에 감사하고
주님을 향한 간절한 심정으로 빌고 또 빌어
환희와 축복이 내 곁에 다가와 큰 능력이 되어
주심도 감사해한다.

사랑하는 아내(양석남)가 서초구청 소속 독거노인을
돌보는데 기쁜 마음으로 천사처럼 봉사활동을 하고
경기지방 초등학교 교사 임용고시에 수석으로 합격하여
교단에 선 영특한 딸(지혜)이 좋은 신랑(이홍진)만나
깜찍하고 영리한 딸(소민)을 낳아 어른들을 기쁘게 하고
듬직한 아들(은성)이 좋은 직장, KBS 입사낭보를 보내와
모두가 부러워하는 영광을 한 몸에 누렸다.
그리고 나는 군인에서 민간인으로 화려한 변신을 하여
사업도 하면서 한국수필가협회에서 문인활동을
명예롭게 하고 있다.

대학생의 신분에서 사회직장인으로 탈바꿈하는 딸, 아들
사위 그리고 중년의 향기를 고상하게 풍기는 아내와 나
교회 식구들의 간절한 소망기도 덕분에 가족과 친지들에게
큰 희망과 믿음을 안겨다 주었다.

환한 웃음으로 주님께 영광 돌리는 귀한 계기를 맞는
장한 우리 가족, 감격의 기도 대로 화목하고, 건강하고
그리고 자녀들이 직장에서 성실하게 업무에 충실하고
동료들과도 돈독한 우애를 갖는 것이
부모의 간절한 바람일 것이다.

꽃무릇 사연

모악산 중턱에 한 용천사(龍天寺)가 있다. 전남 함평군 해보면 광암리다. 4km쯤 되는 사찰 진입로 양쪽에는 진분홍 꽃무릇이 숙연한 모습으로 길손을 반긴다. 초가을 산과 들의 풍요 속에 선혈색의 꽃 도열은 흥분과 감상(感傷)을 교차시켜 주고 있다. 아무리 보아도 잎은 보이지 않고 쭉 뻗은 꽃대 위 새침데기 꽃만 하늘거린다. 높고 푸른 하늘의 해그림자가 굽이굽이 붉게 채색되어 나를 따라온다.

한 몸 뿌리에서 잎과 꽃이 서로 평생 만나지 못하고 그리움만 안고 살아가야 하는 운명 때문에 슬픈 사연과 그리움을 지닌 꽃무릇의 애절한 사연은 듣는 이로 하여금 측은함을 느끼게 한다. 꽃무릇은 수선화과 구근류로 30cm내외의 줄기에 6개의 꽃부리가 달려 있다. 기다란 꽃술은 슬픈 상념에 잠겨있는 중년 여인의 속눈썹처럼 둥그런 꽃받침이 되어 마치 슬픈 하소연을 하늘에 하는 것 같다. 6개의 꽃부리는 파머 머리의 여인이 다소곳이 그리움을 삭이고 있는 듯했다.

옛날 어느 깊은 산골에 속세를 떠나 불도를 닦던 젊은 스님이 불공을 드리려 왔다가 장대 같은 비에 산 아래로 내려가지 못하고 나무 밑에서 피하고 있는 아리따운 여인을 보고 한눈에 반하여 그때부터 짝사랑을 하게 되었다. 결국 수행도, 식음도 중단한 그 스님은 그 여인에 대한 연모에 지쳐 시름시름 앓다가 상사병에 걸려 마침내 선혈을 토하고 죽었다. 불쌍히 여긴 동료스님들이 그를 양지바른 언덕에 묻어 주었는데 그 무덤에서 한 포기 풀이 자라 가을이 시작될 무렵 줄기에서 아름다운 꽃이 피었는데 바로 그 꽃이 죽은 스님이 흘린 피처럼 붉은 꽃이 되어 '꽃무릇 일명 상사화'라고 전해지고 있다.

용천사는 백제 침류왕1년(서기384년) 인도에서 건너온 마라난타스님이 창건한 사찰로서 조선시대에 중창, 보수를 거치면서 거찰(巨刹)로 융성했으나 6·25전쟁 때 대부분 불타버렸다. 그러나 다행히 90년대 이후 지역주민의 애정과 관심으로 천연고찰인 대웅전, 지장전, 황토방 등을 복원하고 지금은 200만여㎡ 광활한 산하에 한국최대의 자연생태 학습장이 조성되어 2000년부

터는 '꽃무릇 축제'로 많은 관광객을 불러들이고 있다.

군락을 이룬 꽃무릇은 사찰주변은 물론 산중턱에까지 흐드러지게 피어 햇살보다 눈부신 핏빛 바다가 되어 온 대지가 불길에 휩싸여 있는 듯했다. 우리나라의 3대 꽃무릇 군락지는 영광의 불갑사, 고창의 선운사, 함평의 용청사가 있지만 용천사의 군락지가 그 대표적이라고 한다.

꽃무릇 군락을 따라 산림욕장을 간다. 활엽수와 침엽수가 조화를 이룬 나무들은 경사진 땅에 꽃무릇의 서식을 양보하고 하늘로는 잎과 줄기를 마음껏 키워 밤과 도토리를 풍성하게 길러낸다. 한적하게 닦아진 흙길을 따라 산에 오른다. 우수에 젖은 가을바람이 아름드리 밤나무와 도토리나무를 간질이며 살짝 지나간다. 여기저기서 우두둑 열매 떨어지는 소리가 난다. 윤기나는 알밤이며, 도토리가 나뒹군다. 한입 가득 도토리를 문 청솔모 한 마리가 조롱하듯 빤히 나를 쳐다본다. 산속 꽃길에서 나무와 야생동물과 내가 하나가 된다.

이 어찌 기분 좋은 산림욕이 아니겠는가. 비록 연모의 정을 담은 슬픈 꽃이라 하지만 꽃을 보고 사람들은 아름다움을 노래한다. 사방의 붉은 꽃무릇을 보고 사람들은 어찌 기쁨과 환희가 용솟음치지 않겠는가.

그러나 이곳 사람들은 꽃무릇을 집안에 심지 않는다. 꽃은 아름답지만 이별의 슬픈 사연을 간직한 그 꽃을 가까이 두고 부정적인 기운에 마음을 뺏기고 싶지 않기 때문이다. 전설적인 식물(꽃)에 불과하지만 사람들의 정서는 긍정적인 희망을 바라는 것이다. 오랜 세월동안 가슴 아픈 이별의 한을 간직한 꽃무릇을 사랑해준 주민들과 품에 안아 꽃무릇을 잘 자라게 해준 자연에 고마움을 전하고 싶다.

길에서 생각한다

아스팔트로 포장된 길을 따라 성묘를 간다. 길을 따라 경운기가 통통거리며 지나간다. 경운기 소리에 나는 길섶으로 비껴서며 문득 잠에서 깨어난 듯 길을 살핀다. 내가 어렸을 적 이 길은 오솔길이었다. 빽빽하게 우거진 숲으로 길은 겨우 한 사람이 다닐 정도로 좁은데다가 질러갈 수 없는 두름길이 대부분이었다. 산길의 호젓함은 밤이 되면 동물들의 파랗게 빛나는 눈빛 때문에 발걸음을 긴장하게 만들었다. 새들의 날개 치는 소리에 더 놀라 발걸음을 얼어붙게 만들던 길이었다.

그 길을 이제 경운기가 새들의 날개소리를 쫓아버리며 지나다닌다. 주변 야산은 흔적도 없이 널따란 경작지로 변해 있다. 구불구불한 논길 따라 꼬불거리던 논, 층층으로 이어지던 천수

답은 정리가 잘되어 반듯하고 오르막길도, 내리막길도 찾아볼 수 없다. 어디나 통하는 사통팔달 큰 길이 뚫리고 그 길 위로는 자동차만이 있을 뿐 한가롭게 걸어 다니는 사람은 찾아볼 수 없다.

옛날 천수답에서 농사짓던 부모님 모습이 떠오른다. 부모님이 다니던 길은 사라졌지만 마음속에는 외길을 오르내리며 손으로 모를 심고 추수 때면 낮으로 벼를 베던 풍경이 남아 있다. 게다가 모든 운반은 지게로 짊어지거나 머리 위에 이고 좁은 길을 곡예하듯 다니지 않았던가. 마당 가운데 노적봉을 만든 후 홀태에 낟알을 따내어 바람에 티끌을 골라낼 즈음이면 동네어귀에 공판장 직원이 빨간 완장을 차고 나타났다. 고샅을 따라 집집마다 나락 가마에 마패를 찍을 때면 굳어있던 농민들의 얼굴이 펴지고 한 뭉치의 돈도 손에 쥘 수 있었다.

수매가 끝나면 동네 사람들과 주막에 앉아 막걸리 잔을 비우면서 그동안의 고생을 위로하고 서로를 격려했다. 그러나 길이 넓어지고 자동차가 들어오면서 손으로 농사를 짓는 대신 이양기가 모를 내고 농약이나 비료도 기계가 살포를 대신해 준다.

경운기가 벼를 베면서 자동적으로 탈곡이 되고 볏섬은 다시 넓은 길을 따라 정미소로 실려가 공판장에서 매수되어 도시로 나가고 만다. 소박하고 인정 넘쳤던 농촌의 풍습도 길을 따라

변하면서 사라진 듯하다.

성묘 길에서 나는 그 옛날 부모님의 삶이 담겨져 있던 길, 그 흔적을 찾으려 애를 쓴다. 부모 마음은 한 가지겠지만 나의 부모님도 자식을 위해 사랑만 베풀다 가신 분들이다. 당신들의 삶에서 미처 다른 길은 생각하지도 못한 채 "나는 못 배웠으니 너는 많이 배워서 사람답게 살아야 한다."며 자식들을 도시로 유학 보낸 후 뒷바라지에 몸이 부서져라 일만 하셨다. 힘든 줄도 모르고 농사일을 하러 다니던 길에는 당신들의 젊음과 소망이 고스란히 담겨 있다. 그렇게 쌀밥 한 그릇 마음대로 드시지 못하고 옷 한 벌 제대로 입지 못하고 외국여행은 꿈도 못 꾸시고 저승길로 떠나셨다. 하늘에도 길이 있어 사람들은 세계 곳곳을 누비건만 당신들은 시골마을의 꼬부랑길에서 쳇바퀴 돌듯 살다가 가신 것이다. 3평도 안된 곳에 누워서도 자식을 걱정하고 계실까. 내 자신 부모님의 기대에 얼마나 부응했을까 생각하니 착잡한 마음이 든다.

도회지에서 공부를 하다가 길을 따라 집으로 가노라면 머리에 수건을 두르고 일하시는 어머님의 모습이 보였다. 고구마 몇 개와 냉수로 새참을 하시며 뜨거운 지열에 숨을 몰아쉬던 어머니, 집으로 돌아오는 아들을 발견하면 수건, 호미 다 내던지고 밭두렁 사이로 달려 나와 "내 강아지, 인자 오냐. 혼자 공부하느라고 고생 많았지?" 하며 덥석 껴안고 볼을 비비며 궁둥이를 툭툭 두드려 주셨다.

흙 묻은 손에 땀 냄새가 밴 거친 무명옷을 입고 계셨지만 나에게는 참 그리운 향기였다. 그럴 때면 나는 내가 오던 길을 돌아보며 안도의 숨을 내쉬었다. 부모님이 계시는 이 길로 돌아오기 위해 방학이 되면 가방을 싸고 몇 번이나 차를 갈아타며 부리나케 달려왔었다. 커갈수록, 그리고 동네친구들과 서로 다른 길을 가기 시작한다는 사실을 깨닫기 시작하면서 나는 몇 번 이렇게 떠났다가 돌아오는 일을 반복하다가 어느 때는 아주 떠나야 할지 모른다는 생각을 막연하게 품기도 했다.

성묘를 올 때마다 길은 사라지고 다시 생겨나기를 반복하고 있다. 당신들이 없으면 나도 없는 것처럼 사랑하는 마음으로 가득 차 마음 졸이며, 돌아오던 길은 없다. 그런데도 나는 언제나 집으로 돌아가는 외길을 꿈꾸고 있다. 당신들은 나를 넓은 길로 내보내 다시 이 길로 돌아오지 못하도록 기도했을지도 모른다.

성묘를 마치고 가는 길에 나는 다시 옛길을 회상해 본다. 당신들이 다녔던 구불구불한 길에 선 채 큰 길로 나를 내보내며, 손을 흔들던 모습이 눈에 아른거린다. 이제 부모님의 영혼이라도 자유롭게 하늘, 땅, 물 가리지 않고 다니시기를 빌어본다.

1초의 여유

파란 깜박이 신호가 켜질 때를 기다리며
빨간불이 켜져 있는 신호등 아래 서 있는 사람
지루한 시간인 양
해야 할 일들이 많은데
나를 기다리는 사람이 있는데
혼란스러움이 머리를 흔든다
오늘따라 유난히 긴 기다림
짜증스런 얼굴로
한 발은 이미 도로 위를 밟고 있다
파란신호가 깜박인다
쫓기듯 앞만 보고 종종 걷는 성급함

좌우를 한번쯤 보면 좋으련만
횡단보도 위 교통사고를 줄이는
1초의 여유가 아쉽다.

숨 가쁘게 달려온 자동차는
정지선을 슬그머니 밟으면서
도로 위 구조물에 매달린 붉은 신호등을
물끄러미 바라만 본다
마음은 급한데
노약자가 더듬더듬 지나가노라면 그 사이를
못 참아 바퀴는 조금씩 구르고 있다
앞차가 출발하려는데 빵빵거리며,
파란불이 켜질 때를 영감(靈感)으로 맞추려는 듯
때로는 예측 출발로 앞차와 추돌한다
아닌 밤중에 홍두깨
1초의 여유가 아쉽다.

소리 없는 미끄러짐
빨간 디지털 숫자가 시이소 한다
잠깐 벽을 바라보는 무아(無我) 속에

닥쳐올 일들을 찬찬히 정리하려는 듯
열린 문안에 몸을 던진다.
표정 없는 허겁지겁함에 문은 다시 열리고
순간의 혼돈이 감사와 웃음으로 평정을 찾는다.
과적의 경고 벨이 둔탁하게 울리면
한쪽다리를 쳐들라고 농담한다
이런 것도 읽지 못하는 멍청한 엘리베이터 기계가 있을까
닫힘 버튼을 제 빨리 누른다
더 많은 전기가 사용되고 고장의 요인도 되련만
성급해 하는 사람들의 1초의 여유가 아쉽다.

주문한 음식을 테이블로 가져오지 않는다고 소리 지르면
바삐 준비하는 사람들의 신경은 더 예민해지고
기다리는 사람들의 화난 모습은 예쁘게 보이지 않는다.
차려질 음식 맛의 음미와 조리과정을 지켜보고
분위기 있는 대화로 1초의 여유를 갖는다면
정성으로 빚어낸 메뉴는 화려한 테이블 위에
멋진 웃음과 행복을 수놓아 줄 것이다.

1초의 여유는 사람들의 삶을 여유롭고 행복하게 만들어 주고

1초가 사람들을 짜증스럽고 초조하게 만들고
1초가 때때로 사람들을 불행하게 만들기도 한다.
차라리,
1초 늦게, 1초 뒤에, 손해 보는 경우가 있더라도 여유를
가진다면 삶은 더욱 아름답고 넉넉해질 것이다.

호기심

발명왕 에디슨은 어린 시절 암탉이 달걀을 품은 것을 보고 자신도 달걀을 품어 병아리를 부화시켜 보고자 했다. 그는 모든 사물에 대해 "왜?" 라는 의구심을 가지고 관찰하고 연구한 결과 여러 가지 발명을 하여 오늘날 인류가 편리하게 살아가는데 큰 혜택을 주고 있다.

사람은 나이가 어렸을 때 사물을 올바른 이성으로 판단하지 못하다가 점점 성장해 가면서 교육을 통해 자신과 사회를 알게 된다. 그러나 호기심은 개인의 성격이나 나이에 따라 사람마다 다르게 나타날 수 있다. 특히 어린아이들의 눈높이는 예측불가다. 모든 것이 신기하고 자신도 따라 해 보려는 성향이 있다. 그것이 위험한 것인지도 모르기 때문에 어른들의 행동은 어린아이 앞에서 조심을 한다. 어른이 잠시 방심한 사이 어린아이한테 큰 화가 발생될 수도 있으니까 말이다.

맞벌이 부부들이 많은 요즈음은 서로 바쁘다 보면 어린아이들에게 소홀히 할 수도 있다. 호기심을 가지고 따라하고 또 만져보고 싶어 하는 어린아이들은 바깥보다 가정에서 항시 위험에 노출되어 있다. 부모들은 항상 어린아이들한테 눈을 떼면 안 된다는 것이다. 이런 정신적 성장과정에 부모들의 사소한 잘못으로 어린아이에게 신체적 혹은 정신적 손상을 주게 되면 큰 후회를 하게 된다. 특히 가정에서 전기다리미, 선풍기, 가스, 보온병이나 물 주전자, 뾰쪽하거나 예리한 칼 등의 사용은 어른들이 각별히 주의해야 한다.

동물들의 새끼도 어느 정도 자라면 바깥세상에 대해 호기심을 갖는다. 날지도 못하면서 둥지에서 날갯짓을 하다가 떨어져 죽거나 제대로 걷지도 못하면서 굴 밖으로 비틀비틀 걸어 나와 언덕에서 굴러 떨어져 죽거나 집을 찾지 못하고 방황하다가 다른 동물한테 잡아먹히는 일들이 많다. 이것이 생태계의 순리이고 생존경쟁인지도 모른다.

때로 어린아이는 어른의 스승이 된다. 그들의 머릿속에는 교과서적인 것만을 생각하고 행동할 뿐이다. 지능을 개발하고 배우려는 의지를 안전만을 생각하고 차단해 버리면 안 된다. 그래서 현명한 부모는 어린아이들에게 호기심을 길러주고 그것에 대한 명쾌한 답을 알려준다. 나의 외손녀는 6살이다.

이제 말도 잘하고 노래도 부르고 그림도 꽤 잘 그린다. 길을 건널 때 푸른 신호만을 확인하고 차가 회전할 때 깜박이 등을 켜는 충고의 말도 잊지 않는다. 나뭇가지를 꺾으면 안 되고 길 바닥에 담배꽁초나 침을 뱉어도 안 된다. 겨우내 땅속에만 있던 식물이 봄이 되면 땅위에 솟아나 꽃을 피우고 앙상했던 가지에서 새파란 잎이 돋아나는 것을 보고 왜 그러는지 궁금해 한다. 놀이터에서 놀이기구들의 원리는 모르지만 모두 타 보려고 한다. 또 사람의 손톱이 무엇 때문에 있고 어떻게 자라는지 질문을 한다. 자동차 내부 액세서리들이나 집안 전기 스위치들을 만져보고 컴퓨터를 켜서 꾸러기 게임을 한다. 그리고 핸드폰으로 아무한테나 전화를 걸고 노래도 들으며, 문자 매세지도 써 보려고 한다.

할아버지가 화분에 물을 주면 물량조절 스위치를 아무렇게나 돌려 화분에 물을 뿌린다. 또 전지가위로 화분을 다듬는 것을 보고 잠시 한눈파는 사이에 아끼던 꽃나무를 싹뚝 잘라버린다. 다만 할아버지의 행동을 따라서 흉내내 본 것뿐인데 때리거나 혼내 줄 수도 없다. 화분손질이나 물주는 것은 되도록 어린아이가 보지 않을 때 하고 사용했던 도구들은 보이지 않게 높은 곳에 깊숙이 감춰 두는 것은 어른들의 몫이다.

호기심은 어른들한테도 있지만 대부분 모든 것이 새롭게 비치는 어린아이들이나 사춘기 청소년들에게 많다. 어떤 사물이나 행동을 보고 의문점을 찾아보려고 하고 유사한 행동도 해보려는 것이 호기심이 아니겠는가. 그래서 간혹 사춘기에 맹목적 호기심을 따라 해보려는 친구들을 잘못 사귀어 가정적으로나 사회적으로 문제를 일으키는 경우가 있다. 청년기에는 혈기가 있고 도전정신이 강하게 나타나므로 어떤 문제에 대해서 부딪쳐 보려는 힘, 즉 추진력을 가지는 것은 좋은 일이다. 물론 이때는 나름대로 사리판단을 해서 결정하기 때문에 무모한 짓은 결코 되지 않는다. 결국 이런 성향은 성년이 되면서 신기술개발(벤처)이나 사업적으로 변형하기 때문에 오히려 권장해야 될 사항이다.

호기심은 신기한 것을 좋아하거나 모르는 것을 알고 싶어 하는 마음이다. 호기심은 늘 새로워지는 것을 기대하므로 발전의 계기가 되는 것이다.

어른들 세계에서 지식적 도약이란 삶에서 유익한 것을 찾아 스스로를 창조해 과는 과정으로써 새로운 것을 배우려는 의욕과 그것을 즐기려는 마음가짐은 세상이 온통 즐거움으로 가득 찬 느낌을 줄 수 있는 것이다.

인생은 게임이다. 어떤 일이건 총명함에 왕성한 호기심을 더해 정확한 판단을 내리는 사람은 승자가 되어 성공을 거머쥐고 그 즐거움을 누리는 법이다. 그러나 호기심이 너무 앞서 남들에게 경박한 사람으로 비춰진다면 자칫 화를 불러올 수도 있으니 조심해야 할 것이다.

천상의 휴식

향으로 보답하는 마음으로 묵묵히 인간과 자연을 사랑하고 있는 동산이 있다. 저 멀리 서귀포 앞 바다에는 조그마한 섬들이 드문드문 수줍게 고개를 내민다. 신이 인간에게 준 마지막 선물, 180여 종으로 꾸며진 정원과 산책로의 허브가 인간에게 다양한 향기를 선사(善事)해 주고 있다. 신선한 허브 향으로 몸과 마음을 가득 채워주는 동화속의 꿈 동산이다. 인간과 자연이 연출해낸 눈부신 향내 앞에서 나는 느낌표처럼 심드렁하게 서 있다. 영혼까지 맑게 해주는 싱그러운 향내, 구석구석 사랑과 예술이 면면히 흐르고 있는 동산에서 자연이 주는 청량제와 같은 맑은 공기도 마음껏 마신다.

산책로 양쪽에는 노란 털 머위꽃이 환하게 웃으며 사람들을 반긴다. 쭉 뻗은 꽃대 위에 8개의 노란 꽃잎은 노랑나비가 꿀을 따다 지쳐 잠들어 있는 것 같다. 철사로 만든 'Hurb Dong San'이란 글자 틀 위에 흰 바람개비가 정연하게 꽂혀 있다. 한바탕 잔잔한 바람이 불어온다. 제각기 뽐을 내며 돈다. 물래 돌아가는 소리가 난다. 인간의 손재주와 자연이 어우러져 보이는 소리의 공연이다. 성모마리아가 꽃잎 위에서 예수의 속옷을 말릴 때 향내가 배어났다는 라벤더, 노란 금관악기가 주렁주렁 매달려 있는 엔젤 트럼펫, 심신을 편안하고 목을 부드럽게 해 주는 에키네시아, 베르가 못, 루드베리아의 향을 맡으면서 산책을 한다.

허브동산을 지척에 두고 녹색의 물결 위에 점점이 매달린 노란 오렌지 동산이 보인다. 저무는 가을의 푸른 하늘밑 황금빛에서 조강지처의 포근함과 애잔함을 느낀다. 가녀린 바람 따라 은빛 솜털이 되어 승무 같은 춤을 너울너울 추는 갈대의 하늘거림이 인간 속세의 아득한 추억을 잠시나마 회상하게 해준다. 한바탕 싸늘한 바람이 휙 지나간다. 인간과 자연의 사랑공간에서 마른 풀잎 부딪치는 소리, 허브 꽃 떨어지는 소리, 어린아이의 환호성이 한데 어울려 멋진 소리의 조화를 이룬다.

까치가 팔짝뛰며 길손을 반기니 눈이 즐겁고, 허브향이 있으니 코가 즐거우며, 바람 소리와 새소리가 있으니 귀가 즐겁다. 통나무 의자의 매끄럽고 딱딱함이 엉덩이에 전해 오니 마음 또

한 즐겁다. 그야말로 천국이다. 허브향 속에서 찰칵찰칵 셔터소리가 적막을 깬다.

마치 놓치고 싶지 않은 시간을 토막 내서 기억에 담으려는 소리인 듯 생명력과 열정이 물씬 풍긴다.

인간의 이상향을 그대로 그려낸 그림 같은 펜션들이 동산 위 여기저기에 서 있다. 흰색의 소박함에서 민족성을 느끼고, 통나무 향에서 조상의 지혜를 배운다. 바다가 보이고 산이 보이고 심신의 피로까지 얼싸안은 예쁜 집들이 다소곳한 수줍음으로 허브향에 취해 있는 길손에게 손을 흔든다. 그래서 탐라허브동산은 시각의 아름다움과 청초한 정신의 안식처를 인간에게 제공해 주는 곳인가 보다.

풍요의 봉제산에 가면

강서구 화곡동 소재 봉제산은 큰 소나무와 이카시아가 많다. 무성한 잎을 키운 숲은 방자함과 자유 분망함의 매력이다. 한적한 오솔길을 따라가다 보면 이름 모른 산새들의 나지막한 속삭이는 소리들이 아침 산책을 즐기는 나를 반기고 있다.

봉제산의 숲속에서는 성장의 열정이 그대로 느껴진다. 아무것도 보이지 않는 앙상한 가지에서 잎을 키우고 아름다운 꽃을 피워내는 이 신기함은 어떤 조화일까? 가시덤불 사이사이로 피어나는 갖가지 꽃들은 자신을 알리기 위해 하늘을 향해 비쭉이 솟아 강한 향기를 내뿜고 있다.

산책로에 수북하게 쌓여 사각사각 밟히는 흰 개미같은 아카시아꽃 향내는 가슴속 깊이 스며들어와 나의 심신을 기분 좋게 해준다. 앙증스럽게 핀 하얀 찔레꽃에는 이른 아침인데도 벌들의 왕래가 바쁘기만 하다. 도드라지게 수없이 많은 꽃망울을 맺힌 산책로 옆의 산딸기는 여름축제의 전주곡을 준비하고 있는 것 같다.

봉제산에는 화려한 향기도, 색깔도 갖추지 못한 꽃과 별로 아름답지도 못한 꽃을 피우면서 사람들의 관심도 끌지 못하지만 그래도 승자만이 누릴 수 있는 화려한 영광을 안은 잡목들이 많다. 저 잡목들의 꽃이 오래오래 피어 있으면 좋으련만. 그러나 따사로운 햇볕아래서 영글어 가는 열매를 위해 단향(檀香)을 짙게 배어내고 사람들의 삶도 더 풍요롭게 만들어 주는 조화만은 참으로 고맙다.

봉제산의 숲 속 나무들은 살벌한 경쟁도 자리다툼도 하지 않는다. 서로 상존하며, 평화롭게 질서도 유지하며, 잘 자라고 있다. 소나무의 그윽한 Terpene 향기에 취하면서 오늘도 나는 나무와 새들에게 다정한 아침인사를 한다. 감동적인 숲의 설교자가 전하는 생명의 위대함을 느끼면서.

큰 숲이 큰 짐승을 키우고 작은 나무는 작은 열매를 만든다. 맑고 경쾌한 바람소리는 겹겹의 나뭇잎에 섞여 더욱 시원하게 들려온다. 녹음이 제대로 짙어지는 숲 속은 한 차례 꽃을 토해내는 잔치를 한다. 희끗희끗한 무늬를 그린 밤나무 꽃, 숲을 가득 메운 비릿한 냄새의 실체는 무엇일까? 벌들에게는 가뭄 끝의 단비처럼 반가운 것들이다.

개머루 열매도 이제 제법 많이 영글었고, 소담스럽고 서글서글한 꽃들도 봉제산의 풍요로움을 말하고 있다. 생명의 가장 소중한 진리를 전하는 스승이기도 한 봉제산의 숲 속을 거닐면서 나는 맑은 공기와 그늘과 아늑함을 향해 긴 숨을 들이쉰다. 좁디좁은 가슴으로 우주를 삼키는 기분이다.

촉촉한 황토 오솔길 가에는 군데군데 니스칠 먹은 벤치들이 놓여있다. 다정한 속삭임도, 지나간 세월의 추억도 그곳에서 살며시 흘러내린다. 등짝에 송송 맺힌 땀방울이 한두 방울 흘러내릴 때 마른 입술에도 갈등이 번져온다. 속세의 후덥지근한 바람이 녹색 청정 숲 속을 살짝 비켜 지나간다. 제법 가쁜 숨소리에 놀란 청량 지하수가 산 아래에서 반갑게 길손을 맞이한다.

나는 도심 속의 휴식처인 풍요의 봉제산을 좋아한다.

4.

산과 인생

산의 노래

산은 인간의 마음이다. 숲은 인간에게 고독한 충만감과 무한한 관찰력을 준다. 자라는 식물의 크기나 종류가 다양하게 그리고 자연스럽게 분포된 숲 속에는 자연의 순결함과 원기가 충만해 있다. 또한 숲은 계절 따라 인간에게 풍요한 삶과 희망의 노래를 들려준다. 숲을 자주 찾아 자연을 읽고 기쁨을 찾고자 하는 사람은 걷는 여유에서 행복을 느낄 수 있다. 바쁜 일상의 짐을 잠시 내려놓고 빈 마음으로 숲을 찾아 자연에 안겨 보는 즐거움은 숲을 찾는 사람만이 누릴 수 있는 특권이다.

신록을 간질이는 명지바람이 솔밭을 지날 때 송홧가루의 향기가 코끝에 감긴다. 여기서 인간은 살아 있다는 사실에 자부심을 느끼며, 숨쉬기의 즐거움을 다시 한 번 느껴본다. 숲 속 공기가 대도시 공기보다 맑다는 것은 먼지 알갱이가 대도시에 비해 숲 속에는 거의 없다는 의미다. 이것은 피톤치드와 테르펜의 존재 유무에서 찾을 수 있다. 이 성분들은 사람의 마음을 안정시키고 스트레스를 없애 준다. 또한 숲 속 공기중에 있는 음이온도 우리 몸의 자율신경을 진정시키며, 혈액순환도 도와주는데 이런 음이온은 물 분자가 격렬하게 운동하는 폭포나 계곡 등에 많다.

여름 숲속의 자욱한 안개는 신들의 공간이다. 숲길에 맺힌 이슬은 도시에서는 경험해 볼 수 없는 즐거움을 선사한다. 숲 속 계곡을 흐르는 물빛과 바람결로 계절의 변화를 실감한다. 가을 숲이 만들어내는 형형색색의 빛깔은 인간 내면의 아름다운 감정으로만 느낄 수 있다. 봄의 신록을 어느 틈에 변화시키는 계절의 섭리와 그 현란한 변신을 조용히 음미하는 것은 자연에 대한 예의일 것이다.

숲을 이루는 나무들의 겨울채비는 추위가 닥쳐서야 시작되는 것은 아니다. 숲의 월동준비는 우리 인간들의 월동준비하고는 다르다. 오히려 무르익은 봄철에 그해 가을도 아닌 다음 해에 피울 꽃눈을 준비하거나 불볕더위가 한창인 여름에 다음해 터트릴 꽃망울을 잉태해 놓는다. 내년에 닥칠 일, 아니 내일에 닥칠 일조차 옳게 헤아리지 못하고 그저 정신없이 살아가는 우리네 인간들의 일상과 비교해 보면 더욱 그렇다. 참으로 신비한 자연의 변화에 감탄을 금할 수 없다.

백설이 만건곤(滿乾坤)한 겨울 숲을 거닐다 보면 인간 본연의 자화상이 흰 눈 위에 비춰짐을 느낄 수 있다. 비록 자연 앞에 자신이 초라하게 발견되더라도, 혼탁한 속세에서 자신이 살아 왔음을 느낄지라도, 또 내일 일을 예측하지 못한다 하더라도 우리 인간들은 소박한 마음으로 거친 세상을 이겨낼 마음의 준비를 미리 미리 하면 어떨까.

동해물과 백두산이

2006년 8월 11일, 끝이 없어 푸르름이 더한 하늘, 흰 뭉게구름이 그 푸르름 밑에 둥실 떠 있다. 대륙의 후텁지근한 바람도 아랑곳 하지 않고 비행기는 노을진 석양을 뒤로 한 채 장춘(長春) 공항에 사뿐히 내려앉았다. 유난히도 밝은 이국땅 밤하늘의 별을 세면서 짜증나게 깜박거리는 '연착' 글씨만을 연신 쳐다본다. 감겨지는 눈까풀을 애써 태연한 척 해봐도 악어 입처럼 벌어지는 하품은 어쩔 수가 없었다.

둘째 날, 길림성 고속도로에는 도로 양쪽에는 옥수수만이 무성할 뿐 지나가는 차량이 가뭄에 콩 나듯 보기 힘들었다. 200여 미터 강폭인 두만강엔 흙탕물이 살벌하게 흐르고 뗏목을 즐기는 몇몇 사람만이 기다란 장대를 이리저리 움직이고 있었다. 강

건너 코앞이 북녘 땅, 바로 저곳에서 많은 북녘 사람들이 사활을 걸고 탈출을 시도한다고 한다. 故 김정구 선생의 「눈물 젖은 두만강」 노래가 향수처럼 스친다. 버스는 강변을 따라 달린다. 두만강물이 말라 바닥이 드러난 곳도 있었다. 세월의 무상함을 느꼈다.

용정의 대성중학교, 150년 전의 우리 민족 교육의 요람이요, 독립운동의 역사적 현장이다. 이 학교 출신 윤동주 시인의 시비(詩碑)에 새겨있는 서시가 우리 일행을 반겼다.

죽는 날까지 하늘을 우러러 한 점 부끄럼이 없기를
잎 새에 이는 바람에도 나는 괴로워했다.
별을 노래하는 마음으로 모든 죽어가는 것을 사랑해야지
그리고 나한테 주어진 것을 걸어가야겠다.
오늘 밤에도 별이 바람에 스쳐 운다. (1941. 11.20)

셋째 날, 이도백하에서 천지를 향하는 길 양쪽에는 마치 태곳적 밀림처럼 자작나무 원시림이 빽빽했다. 16개의 봉우리를 이룬 휴화산, 성산(聖山) 백두산은 우리민족 정신의 근본으로 상징되고 있다. 고구려의 찬란한 문화와 기상이 전설과 설화를 통해서 우리 민족정신에 면면히 전해지고 있다. 일제시대 우리민족의 수난을 같이 했던 백두산은 절경이 많고 독특한 생태환경과 풍부한 산림자원이 있어 세계적 명소로 주목을 받는 이유였다. 『용비어천가』에도 '장백산은 백두산이다'라고 기록되어 있는 것으로 보아 장백산은 곧 백두산임이 틀림없으나 중국을 통해서 백두산을 오른다는 오늘의 현실이 참으로 가슴 아팠다.

지질학적 자료에 의하면 백두산은 지금까지 7차례의 화산활동이 있었다. 깊은 골짜기에는 계곡물이 세차게 흐르고 그 틈에서 모질게 자라고 있는 침엽수들의 끈질긴 생명력은 우리 민족성이 아닌가 생각되었다. 깎아지른 절벽, 운해사이로 펼쳐진 드넓은 용암지대, 약 1만 년 전 한냉한 기후 때문에 빙하로 덮여 있다가 그 흐름에 의하여 지면은 V협곡의 형태가 되었다.

동해 용왕의 딸을 희롱하던 검은 용에 대적해서 백장수와 공주가 판 구덩이 물이 천지라고 한 전설이 있는 천지에 대해 알고 있다고 해서 유식하거나 자랑할 만한 것은 못되지만 천지를 찾는 사람이면 한 번쯤 천지의 크기를 상기해 보는 것도 좋을 듯싶었다. 세계 화산호 가운데 가장 높은 천지는 해발 2,500m, 동서 길이는 3.54㎞, 지름은 4.5㎞, 천지둘레는 14㎞, 면적은 9.15㎢, 물의 깊이는 384m이다. 옛날에는 천지의 물이 동쪽은 두만강, 서쪽은 압록강으로 흐른다고 하였으나 현재 밝혀진 바로는 장백폭포를 지나 송화강으로 들어간다.

천지 물은 고이는 것이 아니라 땅속에서 솟아오른다고 한다. 수평선이 보일 듯한 천지의 차가운 성수(聖水)에 손을 씻는 것도, 800m 낭떠러지 위에서 천지를 내려다보는 것도 의미 있는 일이었다. 그리고 모두가 한 마음으로 애국가를 불렀다. 가슴이 찡했다. 순간적으로 안개 속에서 나타난 신비의 봉우리는 곧바로 사라지고 영화필름처럼 잔상만 남는다.

붙잡을 수 없는 이 경이로운 자연의 조화에 우리들은 감탄과 환호성만을 지를 뿐이었다. 향로봉, 장군봉, 해발봉 등 백두산에서 높은 봉우리들은 북한쪽에 있는데 그 중에서도 가장 높은 봉우리는 장군봉(백두봉)으로서 해발 2,749m이다. 하늘가에 기암산봉의 영상을 비추어 주는 천지의 맑고 푸른 물은 68m 낙차의 장대한 장백폭포를 이루고 있었다. 거대한 폭음이 몇 리 밖에까지 울리며, 흰 물보라가 흩날려 공중에 아름다운 칠색 무지개를 드리우고 백룡이 날아 내리는 것 같았다.

아무리 추운 날씨라도 이 폭포만은 얼지 않고 계속 흐르고 있는 것으로 보아 자랑거리임이 틀림없었다. 주변의 온천은 수온이 31℃~82℃로 달걀도 익힐 수 있다고 한다.

넷째 날, 백두산을 뒤로하고 요녕성에 있는 우리나라 역사의 현장, 압록강으로 향했다. 3㎞ 정도 되는 강폭에는 노르스름한 황톳물이 넘쳐흐르고 있었다. 강 건너에는 고려 말 이성계가 회

군을 한 위화도가 보였다. 그 아래로는 6·25때 미군 폭격에 의해 절단된 우위교가 있었다. 유람선을 타고 끊겨진 다리 밑은 가볼 수 있었으나 위화도까지는 갈 수 없었다. 분단의 아픔과 독재의 참상이 너무나 가슴 아프기만 했다. 5,000m 수동동굴, 천태만상의 석회석 테마들, 냉장고에 들어간 기분이었다. 배터리 배를 타고 동굴내부를 관광했다. 중국이 축복을 받은 나라인지 하여튼 그 규모와 형태의 놀라움에 감탄할 뿐이었다.

4박5일간의 중국 여행을 마치면서 세상에 갓 태어나면 엄마의 가슴이 제일 높았던 눈높이가 이순(耳順)이 가까워진 나이가 되면서 우리나라에서 가장 높은 백두산을 관광하고 우리민족의 역사적 현장을 답사한 것은 참으로 값진 일이었다. 웰빙트립을 하면서 동창 간 우의를 돈독히 함은 물론 서로를 이해하고 존중하는 멋진 시간들, 모두 보람되고 아름다운 추억들이었다. 길이 간직했으면 하는 바람이었다.

한라산 웰빙트립

며느리에게도 주지 않는다는 따사로운 햇살이다. 2005년 11월 어느 토요일 오후 고교동창 산우회원 14명은 커다란 비행기에 벅찬 희망을 안고 몸을 실었다. 거미줄처럼 엉킨 도로, 줄을 잇는 차량, 켜켜이 어깨동무 하고 있는 산 능선, 점점이 박혀있는 남해안의 섬들을 지나 부서지는 파도에 연신 흰 이빨을 드러내는 검푸른 바닷가 우뚝 솟은 한라산을 옆으로 하고 우리들을 태운 비행기는 활주로를 소리 없이 미끄러지고 있었다.

밤이 되어 시가지는 조용했지만 네온사인 불빛들은 화려하기만 했다. 우리 일행은 제주 시내에서 꽤 멀리 떨어진 표선면의 분위기 있는 횟집에서 푸짐한 저녁식사를 한 후 밀려왔다 밀려가는 파도 속 모래 위를 걸으며, 어둠속의 바닷가에서 초겨울 낭만에 젖어 보기도 했다. 우연의 일치일까. 오늘이 고재종 회원과 성귀휘 여사의 결혼 25주년 기념일이었다. 우리들은 케이크도 자르고, 폭죽도 터뜨리고, 노래도 함께 불러 주었다. 전인숙(홍기조 부인) 여사의 「빠이빠이」 노래는 정말 환상적인 분위기를 만들어 주었다.

산에는 푸름도 이미 사라지고 없다. 군데군데 굳은 절개를 지켜온 고산목들의 푸르름만이 우리들을 반겨주고 있었다. 한로역풍(寒露逆風) 속의 산하, 쌩쌩 부는 찬바람도 얼어붙은 대지도 등반을 하려는 우리들에게는 축복과 영광일 뿐이었다. 등반은 정상을 향한 자신의 인내력과 체력에 대한 새로운 도전이며, 인간의 스승인 아름다운 자연과의 만남이라고 했다.

높은 절벽과 깎아 지른 듯한 비탈 계곡의 기암괴석 그리고 빼어난 자연경관, 장엄하고 수려한 갖가지 아름다운 풍치는 금강산의 만물상에 비할 수 있다고 하면 어떨까. 돌 하나 풀 한 포기 나무 한 그루 어찌 소중하지 않겠는가.

옛날부터 명산으로 알려진 국립공원 한라산(1,950m), 화산 분출로 생성된 휴화산 산마루에는 지름이 500여m나 되는 화구호인 백록담이 있고 고산식물의 보고라 할 만큼 그 종류도 1,800여 종에 이른다고 한다. 신선들이 사슴을 타고 놀다가 맑은 이 못물을 먹었다 해서 붙여진 이곳은 중국 진시황의 사자(使者)가

캤던 불로초 시로미(巖高蘭)도 이곳에 번식하고 있다고 한다. 그러나 이 호수에는 담의 상징인 물은 없고 바닥이 드러나있어 안타깝기만 했다.

하늘과 맞닿은 정상에서 사방을 쳐다보니 나는 둥그런 바다 위에 떠있는 산 정상의 한 축에 서 있었다. 이렇게 좋은 날씨에 성공적인 등반을 자축이라도 하듯이 그 원의 중심에서 두 팔을 활짝 벌리고 깊은 숨을 들이쉰다. 삶은 스스로가 개척해 나가는 미로이며, 그 속에 멋있고 아름다운 미래의 꿈이 숨어 있다고 생각하면서…

지그시 눈을 감고 화려했던 지난날의 추억을 회상해 본다. 모진 추위를 묵묵히 참고 기다리는 미덕으로, 기적의 꽃밭에서 꿀을 채집하는 마음으로, 신비로운 자연 속에서 짙은 인생의 향기를 내뿜는 우리들. 내면의 순수한 철학으로 성숙된 인생을 관조해 보면서 "당신은 진정 신뢰할 수 있는 훌륭한 친구입니다" 라고 영혼을 따스하게 보듬어주는 위로의 말 한 마디를 내 뱉는다.

오늘 멀리 한라산까지 와서 무사히 정상을 오르게 되어 감사하고 사랑하는 나의 아내과 가족에게도 감사한다. 그리고 산행에 참여한 동창들의 건강을 기원하고 야간관광 안내까지 해 준 이정백 동창에게도 고마움을 전한다.

산더덕 캐는 날

따사로운 햇볕이 내리쪼이는 초가을 오후, 북한강변을 따라 자동차는 달린다. 산에는 점점이 붉은 빛깔으로 물들면서 단풍 축제를 준비하고 있다. 도로 옆 천수답에는 벼들이 누렇게 익어 고개를 숙이고 있다.

금년에는 특별히 가을비가 적고 일조량이 많아 오곡에는 더할 나위 없이 좋다. 반면 나무들은 엽록소의 공급이 부족하여 나뭇잎이 말라버리거나 단풍색깔도 산뜻하지 못하다고 한다. 강물은 고요한 호수 같다. 가끔 수상스키를 타는 사람들이 물살을 가르며 쌀쌀한 강물 위의 스릴을 즐기고 있다. 잔물결에 빛나는 물 보석의 광채는 지나가는 사람들의 눈을 아리게 한다. 가을을 시샘하는 바람이 한 차례 스산하게 스쳐 간다. 강물 위에 떨어진 노란 낙엽은 조용히 그리고 은밀하게 퍼져가는 파장을 만들고 있다.

서울에서 1시간쯤 달려 용문산 자락에 도착하니 '산더덕 캐기 체험장'이라는 현수막이 보인다. 나무가 베어져 있는 것을 보니 멀리서도 산더덕 캐는 곳임을 쉽게 알아 볼 수 있다.

애잔한 꽃과 손가락만 갖다대어도 부러질 것 같은 줄기를 가진 산더덕은 도라지과에 속한 여러해살이 덩굴식물이다. 8~9월에 꽃이 피는데 산세가 높아 서늘하고 습하지 않으며, 단단하지 않는 토양에서 잘 자라는 산더덕은 집단으로 번식하는 특성이 있는데 그 향이 너무 짙어 지나가는 사람들에게 기분 좋은 순간을 제공해 주기도 한다. 산책길에 더덕향기 솔솔 풍겨올 때면 멀리서도 얼마만큼 크고 몇 뿌리가 무리지어 살고 있는지 쉽게 알 수 있다.

한방에서는 더덕을 강장제 혹은 기침, 거담 등을 해소하는데 필요한 약제로 사용되고 있다. 밥맛이 없을 때나 식탁 분위기를 바꿀 때에 껍질을 살짝 벗겨 가볍게 다진 후 고추장을 발라 더덕구이를 만들어 먹으면 일미이다. 또 2~3조각으로 쪼개어 다진 것을 된장이나 고추장에 넣어 두었다가 더덕장아찌로 만들어 내놓으면 쫄깃쫄깃한 맛과 향이 식탁의 제왕이 된다. 그리고 묵은 뿌리로 술을 담그면 그 약효가 인삼에 버금간다.

행사장에서 비닐봉지와 곡괭이를 들고 트럭에 오른다. 낭떠러지 비탈길을 왱왱거리며, 트럭은 산중턱을 향해 힘겹게 올라간다. 비틀비틀, 덜거덩 덜거덩, 심장이 뒤집히는 것 같다. 뱀이 지나가는 흔적과 같다고 하여 '사행로(蛇行路)'라고 한다. 물론 아스팔트길도 아니고 2차선도 아닌 외길이다.

산더덕 향이 나를 반기는 듯 유혹하는 듯 내 정신을 혼미하게 만들고 있다. 숲이 선사한 상큼한 공기를 폐부 깊숙이 들이마신다. 푸른 하늘과 푸른 강물과 붉은 점이 띄엄띄엄 박혀있는 푸른 산에 내가 안겨 자연의 감미로움을 만끽하고 있다. 평화와 안정이 내 눈앞에 펼쳐지고 있다. 더 없는 행복감을 느낀다.

이 체험장은 경사가 아주 심한 산허리에 씨를 뿌리고 10년을 가꾸어 왔다고 한다. 산더덕 캐기 체험을 쉽게 하기 위해서 잡풀과 산더덕의 줄기도 함께 베어져 있다. 처음에는 산더덕 줄기를 쉽게 발견하기 어려웠다. 엉뚱한 잡풀의 줄기를 따라 보슬보슬한 땅속을 조심스럽게 그리고 깊게 파 내려가기로 한다.

가느다란 뿌리가 딸려 나온다. 헛수고다. '심봤다'를 한 번 외쳐 보고 싶은데, 두 눈을 똑바로 뜨고 산더덕 줄기를 다시 찾는다. 아직 말라버리지 않은 고구마 줄기 같은 투명한 색깔, 바닥에 완전히 누워있지 않고 서 있는 40㎝정도의 매끈한 줄기, 그 중에서도 더 굵은 줄기를 찾아야 산더덕 캐기 장원이 되는 것이다.

여러 사람들의 발길이 지나갔다. 행여 줄기가 떨어져 버릴까 조심스럽게 곡괭이질을 열심히 해 본다. 손가락만한 산더덕이 한 줄기에 1개 나오는 경우도 있고 여러 개 달려 나오는 수도 있다. 잡풀더미 밑을 휘젓는다. 그곳이 황금어장이다. 싱싱하고 굵은 줄기가 지그시 고개를 내밀고 있다. 사방을 둘러보고 큰 호흡을 한 다음 곡괭이로 넓고 깊게 파고 들어간다. 어린아이 팔뚝만한 크기의 기다란 산더덕이 흰 실 같은 잔뿌리를 촘촘히 달고 못이긴 채 딸려 나온다. 줄기가 잘려나간 맨 윗부분은 머리통 같고 아랫부분의 두 갈래 뿌리가 미끈한 다리를 꼬고 요염하게 앉아 있는 형상은 영락없이 인어공주다.

가을 산이라 벌집도 있고 독사도 있다고 한다. 그리고 잡초나 나무를 베어낸 자국이 뾰쪽하여 상처를 입을 수도 있으나 등산화를 신어서 조금은 안심이다. 경사면에 몸을 지탱하며, 산더덕을 캐다보니 허리와 다리와 팔이 뻐근하다. 털썩 주저앉아 산더덕 한 뿌리를 우직우직 씹는다. 쌉쌀하고 쫄깃쫄깃한 맛과 입안에 번지는 그윽한 향은 환상적이다. 신선이 되는 것 같은 착각을 느낀다. 시간 가는 줄 모르고 곡괭이질 2시간여, 비닐봉지가 묵직함을 느꼈다. 산더덕 캐는 도(道)를 닦고 하산할 시간이다.

힘겹게 올라왔던 트럭도 내려 갈 때는 힘 들이지 않고 브레

이크만 사용하여 사르르 내려간다. 그래도 몸은 좌우전후 심하게 흔들린다.

행사장에 내려와 뿌리가 상처 나지 않고 굵고 좋은 것을 골라 케이스에 넣어 무게를 단다. 나이 드신 분들에게는 육류보다는 자연산 나물류가 더 좋기 때문에 추석 선물로는 안성맞춤이다. 아무래도 시장에서 사는 것보다는 인건비를 절약하여 더 싸고, 자연산이기에 더 맛있어 해마다 이맘때쯤이면 가족이 함께 나들이를 한다. 산속이라서 빨리 어둠이 찾아온다. 땀 냄새를 맡은 모기가 한두 마리씩 모여든다. 여름만이 모기의 전성기는 아니다. 물리면 상처 나고 병도 옮기기 때문에 조심해야 한다. 서둘러 뒷마무리를 하고 승용차에 오른다. 울퉁불퉁한 비포장 오솔길을 천천히 빠져 나온다. 북한강에도 황금나락 위에도 땅거미가 깔린다.

교통체증이 심해도 '산더덕 캐기 체험'의 의미를 되새긴다면 짜증낼 일은 아니다. 내년에도 가족들과 함께 어김없이 이곳에서 가을 낭만도 찾고 가족단합도 굳건히 할 것이다.

용아장성

용아장성을 향한 내 발길이 힘차다.

인간은 반자연적인 도시에서의 팍팍한 삶에 지쳐 때로는 자신조차 잃어버리고 자연에 대한 고마움도 망각해 버린다. 그래서 '나'를 찾기 위해 헉헉대며 산 정상을 향해 오르고 있다. 잠시 바위위에 걸터앉아 달아오른 뺨을 식히고 지나가는 바람과 눈앞에 펼쳐진 자연의 아름다움에 몸을 맡긴다. 그 과정을 통해서 자아도 발견하고 타인도 배려하는 마음이 생기며, 소박한 아름다움도 생기게 되는 것이다.

가을은 겨울을 준비하라는 자연의 관용이다. 가을바람은 나뭇잎의 아쉬움을 존중하며, 고집을 꺾고 사물의 진실을 아름답게 승화시킨다. 세포확장에 충실했던 숲들도 어느 순간 누가 불을 당기기라도 한 듯 진홍색과 노랑색으로 나뭇잎들을 화사하게 물들이고 녹색 엽록소가 사라진 그 자리에서 나뭇잎들은 태곳적 영예를 회상하며, 잠시나마 향수에 젖는다.

가을밤 숲 속 등산로는 차가운 바람이 남기고간 낙엽의 바스락 소리가 안전한 산행의 안내 역할을 해 준다. 이른 아침 보석처럼 빛나는 들국화들은 함초롬히 이슬을 머금고 등산객들을 반가이 맞아준다. 비록 야생의 꽃무리이지만 가슴속에서 그리고 있던 자연 그대로의 모습에서 인간에게 주는 특별한 선물로 감사와 연민의 정도 함께 느낄 수 있다. 가파른 바윗길 틈 사이에서 만나는 야생의 열매는 야릇한 설렘을 준다. 푸른색의 거부는 붉은 과육으로 변해 강한 허락의 의도를 내비치 듯 탐스럽게 부풀어 올라있다. 달고 맛난 향기를 내주어 등산객들에게 즐거운 만찬의 시간을 만들어 주고 있다.

하늘에 어둠의 물결이 잇달아 밀려와 구름마저 삼켜버리는 이른 새벽, 설악 폭포는 인간의 원죄를 삼켜 버리려는 듯 흰 포말을 힘차게 쓸어내린다. 삶의 의미와 우주의 신비도 잠시 느낄 뿐 음산한 계곡바람의 어루만짐에 꼼짝 않던 나뭇잎들도 살랑살랑 화답하며, 거기에 실려 온 솔향기도 온갖 걱정으로 찌든 내 머릿속을 맑게 비워 준다.

역시 인간은 욕심을 버리고자 애를 쓰지만 여전히 허영심 많은 속물들이다. 그러나 산 앞에서 그 모든 욕심들은 한낱 부질없는 것이 되고 만다. 산행을 하다보면 생각도 담백해지고 삶도 단순해진다. 그리고 만나는 모든 것—사람, 나무, 바위, 물 등—에게도 마음이 열린다.

이른 새벽 도착한 대청봉정상에는 어깨를 맞댄 산들이 구름 사이로 살짝 얼굴을 내민 햇살을 받아 빛나고 있고, 산봉우리엔 미처 빠져 나가지 못한 안개가 간혹 걸려 있는 곳도 있다. 이 기막힌 풍경을 어떻게 짧은 소견—글, 그림, 사진 등—으로 표현할 수 있을까. 자연이 빚은 아름다움 앞에서 인간의 언어에 한계를 느낀다. 표현의 깊이가 너무나 얕고 가볍기 때문에 안타까울 뿐이다.

용아장성의 구곡담 계곡을 호위하는 기기묘묘한 기암들은 마치 용이 머리를 하늘로 향해 날면서 무시무시한 흰 이빨을 드러내 놓고 웅장하고 날카롭게 기다란 성으로 하늘을 떠받치고 있는 것 같다. 아슬아슬한 정상 흰 이빨 한 가운데에 올라 고개를 돌리면 가까이 가야동 계곡과 멀리 마등령, 저항령, 공룡능선 등의 선명하고 중후한 자태가 한눈에 보이는 것은 명실 공히 용아장성이 설악산 능선 중의 능선이기 때문이란다.

긴 이빨, 굵은 이빨, 뾰쪽한 이빨은 거북머리, 돼지머리, 코끼리머리, 물개, 고슴도치 등의 형상을 하고 맨 마지막에는 사랑니도 있는 듯하다. 이빨의 양쪽 수천 길 깊은 계곡은 자연에 도전하는 인간의 의지를 지켜보고 있는 듯 잇몸이나 이끝이 천고풍상에 한 곳의 손상도 없이 튼튼하고 아름다움을 뽐내고 있다. 그러나 안타깝게도 어떤 이빨 정상에는 가신 님의 넋을 달래는 조그마한 비석도 3군데나 있다.

네 발로 엉금엉금, 손발은 후들후들, 낭떠러지를 힐끗 쳐다보면 현기증이 날 때 양발로는 몸의 중심을 지탱하며, 양팔은 젖먹던 힘까지 내어 암벽 양쪽을 받치고 몸은 바짝 암벽에 밀착시켜 행여나 미끄러질까 정신을 집중한다. 암벽오르기 7시간, 참으로 인간의 삶의 의미를 다시 느낄 수 있었다. 위험하고 어려운 산행을 하고나서 나는 타인을 배려하는 여유와 마음의 열정으로 젊은 희망을 가지고 살아가겠다고 다짐한다. 열린 마음으로 자연의 소리와 심산유곡의 옥빛 맑은 물소리와 새소리를 벗 삼아 아무런 상념도 없이 기암과 단풍 숲 속을 출산의 고통과 기쁨으로 무사히 힘든 산행을 마친다. 이번 산행에서 나는 예술적인 삶을 영유할 수 있는 가치를 찾았기에 더욱 보람을 느낀다.

어설픈 산행

산은 인간에게 너그럽다. 대가 없이 베풀기만 한다. 때와 장소를 가리지 않고 모든 인간에게 공평하게 삶의 활력소를 제공한다. 소리도 없이, 눈에 보이는 큰 변화도 없이 넉넉한 품으로 우리 인간을 감싸준다. 때로는 인간의 편의에 따라 개발이라는 명분으로 산이 잘려 나가기도 하고 나무들도 무참히 뽑히고 베어져 버린다. 인간과 자연이 서로 아우러져 사는 지혜가 아쉽다. 인간은 자연 앞에 하찮은 존재이건만 우리는 자연의 성난 얼굴은 보지 않고 자기 앞의 사소한 욕심만 차린다.

가파른 바위틈에 끼여 뿌리를 굳건히 내린 나무 한 그루에서 자연의 위대함과 삶의 귀중함을 느낀다. 산속의 나무는 깊은 계곡에서부터 높은 산꼭대기까지 종류별로 주변 환경에 적응하면서 꽃과 녹음과 단풍으로 인간에게 다가서고 있다. 산행하는 사람들은 항상 자연 앞에 겸허하고 마음가짐을 바로 가져야 한다. 자연의 아름다움에 심취되어 늘 감사한 마음으로 산행을 하면 남을 미워하거나 원망할 생각조차도 생기지 않는다.

산행의 목적은 정상에 올라 해방감을 느끼고 성취감을 맛보는 것이다. 깊은 숲 속에서 들려오는 새소리를 들을 때, 상쾌한 공기를 마실 때, 눈 아래 펼쳐지는 아름다운 풍경을 바라보노라면 생활에서 쌓인 스트레스가 말끔히 사라진다. 땀을 흘림으로써 신진대사가 좋아지고 확 트인 시야를 봄으로써 잊고 있었던 모험심과 호기심이 발동하여 사람에게 필요한 생생한 활기를 채워준다.

높은 산 깊은 계곡, 계절에 따라 눈에 보이는 신선함에 위험성도 함께 안고 있는 산은 자상함과 엄격함을 모두 가지고 있다. 누구나 산에 오를 때는 항상 완벽한 산행준비를 해야 한다. 이것이 산에 대한 기본적인 예의이고 자신의 안전을 보장받는 중요한 절차이다. 때로는 밤에, 때로는 장대비를 맞으며, 때로는 미끄러운 눈길을 걸을 때가 있다. 무거운 배낭을 지고 배고픔을 참아가며 걸을 때도 있다. 또 고독한 침묵의 산행도 있고 마음 맞는 친구끼리 이야기 하며, 웃고 즐기는 산행도 있다.

사람은 무식하면 용감하다고 했다. 지금은 산도 어느 정도 알고 산행을 하는 마음가짐도 기본적으로 갖추어져 있어 너무 무리한 산행은 강행하지 않는다. 한때는 야간산행이 포함된 무박2일 산행이나 금지된 위험지역 산행도 용기 하나만으로 무모하게 도전을 한 적도 있다. 지나고 보면 너무 아찔하고 등골이 오싹해진다. 무식함을 과시했던 과거가 있었음을 고백한다.

15년 전 산행에 입문하지 못하고 산의 아름다움이나 산행에 특별히 의미를 부여할 자격이 없었던 시절이었다. 산은 "그저 높낮이가 있고 나무가 자라고 숲이 있는 자연의 일부분이다"라고만 생각했었다. 10월말 설악산 대청봉 정상에는 벌써 눈이 내렸다. 그 아름답던 단풍도 다 떨어지고 나무들은 앙상한 가지만 남아 찬바람에 윙윙 소리만 내고 있었다. 대청봉을 하루에 등정하려면 아침 일찍 서둘러야 하는데 지금은 위험하여 안내하는 사람이 없다고 콘도 측에서 이야기했다. 다시 케이블카를 타기 위해 오전 9시경 설악동으로 갔으나 순서를 오래 기다려야 했다.

기다리는 동안 비선대쪽으로 발길을 돌렸다. 나와 아내는 동네 뒷산만을 산책했을 뿐 높고 험준한 산을 오른 경험도 없었고 그날을 위해서 별도로 준비한 것도 없었다. 변변치 못한 옷에 등산화만을 신고 먹을 것이라곤 전날 밤에 먹다 남은 생 오징어 도시락 2개가 전부였다. 그런데 웬일일까. 산 입구에서부터 펼쳐지는 비경들은 우리 부부를 소리 없이 유혹하고 있었다. 선녀들이 머물다간 계곡물에 비친 또 다른 우리를 만나고 길 양쪽 암반 위를 튀기는 은빛 물방울소리는 명랑한 새소리에 섞여 귀를 간질였다. 외계에 온 듯한 황홀함에 탄성도 잊은 채 다리 아픈 것도 잊고 케이블카 타는 것도 잊었다. 신의 조화가 극치를 이룬 쭈뼛쭈뼛 길게 뻗은 병풍바위가 살아 움직이는 것 같았다. 반반한 바위에 누워 두둥실 흘러가는 흰 구름을 바라본다. 지금까지의 피곤은 저 멀리 달아나 버렸다.

백담사와 대청봉으로 가는 길목에서 망설이다가 이왕 여기까지 왔으니 비경도 눈 속에 넣으면서 설악산의 상징인 대청봉으로 가기로 했다. 오후 3시경 저 멀리 하얀 설원 위에 장엄한 대청봉의 봉우리가 반갑게 우리를 맞는다. 이때쯤 정상에 있을 시간이 아니어서 그런지 지나가는 등산객이 보이지 않는다. 한참을 기다려 바삐 지나가는 등산객에게 사진 한 컷을 부탁했다. 뿌듯한 성취감과 설렘으로 하늘과 맞닿은 웅장한 은빛 봉우리들을 바라본다. 감히 생각해 볼 수도 없는 대청봉에서 우리 부부가 구심점이 되어 있다니 축복받을 일임에 틀림없었다. 겨울이라서 그런지 태양은 일찍 몸을 감춘다. 대피소도 보인다. 사실은 그곳에서 하룻밤을 묵고 내려와야 했다.

그러나 우리는 어설픈 판단을 하고 오색약수터 쪽으로 내려오기 시작했다. 문제는 여기서부터 시작되었다. 산에 오를 때는 아름다운 경치에 홀리어 다리가 아픈 것도 잊었는데 아이젠도 없는 상태로 한 발 한 발이 지옥 같았다. 순발력이 있는 나는 날이 어둡기 전에 빨리 내려가고 싶었지만 아내는 다리에서 쥐가 자꾸 나니 그럴 때마다 주물러 줄 수밖에 없었다. 가끔 지나가는 등산객은 우리가 따라갈 수 없을 만큼 휙 지나가 버리니 더욱 초조하기만 했다. 그렇다고 아내를 업고 내려갈 수도 없는 일이다. 땅거미가 몰려오는 상황에서 마음속은 탔지만 마누라를 안심시켜 안전하게 내려오는 것이 더 급했다. 산속에서의 조난은 바로 이런 경우에 생기는가 보다. 손전등 하나 없는 무모함이 때로는 큰 화를 초래한다는 교훈을 되새기면서 산 아래 보일 불빛만을 기대하며 마른침을 삼켰다. "호랑이한테 물려가더라도 정신만은 차려야한다." 내가 지금까지 살아나온 것도 강인한 정신력 덕분 아닌가. 다행히 내려오는 길에는 눈이 없었다. 사방이 깜깜해졌다. 등산길은 돌멩이가 놓여 있고 사람들이 많이 다니기 때문에 낙엽은 쌓여 있지 않았다. 잘못하여 길이 아닌 곳을 밟으면 낙엽의 바스락거리는 소리가 났다. 힘들어서 쉬어가고 싶었지만 아내의 쥐난 다리 주무르는 것 외에는 아무 말도 할 수가 없었다. 이런 불안하고 위험한 산행을 한 지 5시간여, 오색약수터의 불빛이 보였다. 심 봉사가 눈을 뜬 것보다 더 반가운 순간이었다. 심장이 멈춰 그 자리에 덥썩 주저앉고 싶었다.

오색약수터에서 택시를 타고 콘도로 향했다. "당일 대청봉 정상까지 등산하기에는 위험한 시기인데 무사히 잘 다녀오셨네요." 질책하는 듯한 택시기사의 충고가 가슴에 와 닿는다. 콘도 현관에 들어서자마자 긴장이 풀린 아내는 토하며 쓰러졌다. 한 발자국도 움직일 수 없는 살아있는 송장을 끌어 방안에 눕히고 두 다리를 계속 주물러 주었다. 그날 이후 아내는 여러 날을 제대로 걷지 못했다.

그래도 그 나이에 대청봉 정상을 밟았다는 뿌듯한 자부심으로 영광의 절룩거림은 부끄럽지 않았다. 그날 이후 나는 산행에 정식 입문하여 지금은 수준급이 되었지만 아내는 가까운 산에 오르는 것도 힘들어한다.

지금도 가끔 대청봉 정상의 표식돌을 껴안고 찍은 사진액자를 보면서 무식하고 어설펐던 그때를 회상해 보곤 한다. 젊었을 때의 아름다운 추억이다.

지리산 종주

자연은 인간의 스승이라는 말이 있다. 여름 속 겨울을 느끼면서 야생은 먹물 같은 어둠이 스민 새벽에 생명을 더욱 활동적으로 만든다. 바위에 부딪쳐 흘러내리는 힘찬 계곡물 소리는 새벽 산하를 깨우듯 계곡에서 계곡으로 메아리쳐 갔다. 저 멀리 산 아래에서 뿌옇게 피어오르는 운해는 남해의 많은 섬들을 감싸고 있었다. 샤스레나무 우거진 숲 속에서 인간은 얼마나 절망적이고 취약한 동물인가 생각한다. 자연에 대한 방자함은 죄의식으로 가슴을 압박하고 벗어날 수 없는 절망감은 인간의 의지를 녹여 버린 것처럼, 숲 속의 생명들은 일상이지만 자연 앞에서는 참으로 나약한 존재일 뿐이다.

노고단 할망구와 반야봉 그리고 천왕봉 영감탱이들의 사랑이야기도 전설의 뒤안길로 접어두고 낙조의 아름다움에 더 큰 의미를 부여했다. 모든 것이 풍성한 여름은 잠깐 동안이나마 과거를 회상할 여유를 주듯이 자연과 인간이 관여하는 세계는 같은 질서를 갖는 법이다. 그물처럼 엉킨 가지들과 겹겹이 쌓인 나뭇잎들은 완벽한 방음판이 되어 모든 소리를 흡수하지만 딱딱하고 인정머리 없는 도시만은 작은 소리 하나도 품지 못하고 튕겨낸다.

어둠속 숲의 향기는 더 진하고 싱싱하게 가슴을 파고든다. 쓸고 가는 산바람은 한여름 밤하늘 별똥별만큼이나 시원하게 등줄기를 식혀준다. 이따금 밤새 눈 밝힌 소쩍새의 애달픈 소리가 들릴 뿐 여름 밤 숲 속의 풀벌레소리는 아직 쓸쓸하기만 하다. 산장의 좁은 공간에서 서로 부딪치고 퀴퀴한 땀 냄새와 파스 냄새가 코를 마비시키고 코고는 소리가 천정을 울려도 그날의 피로에 지친 나는 깊은 숙면에 빠지는 아름다운 추억을 만들었다.

살아 천년 죽어 천년 회백색의 앙상한 주목들이 여기저기 가파른 능선에 버티고 있다. 50년 전 토벌꾼에 의해 저렇게 되었다니 참으로 세월의 무상함을 느낄 만도 하다. 배반과 억압이 아닌 한없는 포용과 관용의 화신이기도 한 한국최초의 국립공원 지리산 정상(천왕봉:1,915m)에서 높고 맑은 하늘을 쳐다보고 켜켜이 흘러내린 웅장한 산 능선에서 진정한 어머니의 사랑도 함께 느낄 수 있었다. 3대에 걸쳐 덕을 쌓아야 볼 수 있다는 일출을 볼 수 있었으니 우리는 행운아들이었다.

이글거리며 타오르는 태양을 안주삼아 쭉~ 들이켠 소주 한 잔은 젊은 의지 그리고 인내와 성취, 그 이상의 의미를 담겨 주었다.

등산 전문가들에 의하면 모든 산은 3번 이상 다녀와야 그 산에 대해 조금 안다고 한다. 고교동창 산우회 회원들은 6년에 걸쳐 지리산 종주를 해 오고 있다. 회원들은 꼭 체력의 한계를 시험해 보는 것은 아니지만 『민족의 영산』, 『어머니 품속 같은 산』에 포근히 안겨 본다는 큰 자부심을 갖는다. 앞으로도 지리산 종주는 계속하여 중년의 공허한 마음을 달래고 자연의 조화와 오묘함을 몸으로 느낄 것이다.

종주를 끝내고 얻은 교훈은 도전은 항상 아름답다는 것이다. 동창 산우회 회원들은 산을 통해서 자아를 발견하고 동창 간 우의도 다지며, 상호 신뢰와 존경도 재확인하는 계기를 갖는 것이다.

5.

하늘과 땅 사이에

잊혀진 결혼풍속도

결혼은 일생에서 가장 중요한 대사이다. 각기 다른 환경에서 자란 두 남녀가 한 가정을 이루는, 삶의 큰 변화이며 새로운 시작이기에 제2의 탄생이라 하지 않던가. 결혼의 근본목적은 예나 지금이나 변함이 없건만 세월은 그 풍속도를 많이 바꿔 놓았다.

옛날에는 선보는 것도 부모의 의중에 따라야 하고 특히 처녀들은 한번 결혼하면 그 집의 귀신이 되어야 했던 이혼이라는 말은 생각해 볼 수도 없을 만큼 개인의 인격도 때로는 무시되어왔다.

유교사상과 권위주의 일색에서 탈피하지 못한 결혼풍속도는 그냥 웃고 넘기기에 너무나 안타까운 면이 많았다. 1차 산업(농업)에만 의존하던 그 시절에는 배고픔을 해결하는게 최대의 현안으로 처녀가 시집갈 때까지 흰쌀밥 세 말 먹으면 잘사는 집안으로 평가되었다. 또 교통통신이 발달되지 않아 전화는 인편으로 대신했고 우마차와 가마가 자동차를 대신했던 시절에 남녀가 연애를 한다든지 선을 보는 것은 큰 제한사항이 아닐 수 없었다.

남녀가 결혼 적령기를 지켜야만 가정이 편안하다는 고정관념 속에서 평생 반려자를 고른다는 것은 어떻게 보면 오늘날보다 더 어려웠을지 모른다. 남자가 군에 있는 몸이면 선을 보기 위해 며칠간의 휴가를 얻기가 쉽지 않았다. 전보가 아닌 관보로 연락하는 까다로운 절차가 있고 또 허가를 받았더라도 오가는데 시간을 다 허비해 버리기에 대부분은 빛바랜 흑백사진을 보내어 얼굴만 보고 결혼여부를 결정했었다. 지금은 당사자 간 선을 본 후 양가 부모들의 상견례도 나중에 하지만 옛날에는 부모들이 오가며 양가에서 상견례를 했다.

소아마비로 한쪽 다리가 불편한 총각은 처녀 부모가 평상에 들어설 때 높은 문턱에 짧은 다리를 딛고 인사한 후 밖으로 나와 버리는 '신체위장 작전'을 쓰기도 했었다. 두 다리가 불편하여 거동할 수 없는 총각은 시종 앉아서 선을 보이는 '앉아 버티기 작전'을 쓰기도 했었다. 또 처녀가 얼굴이 못 생겼거나 신체에 하자가 있으면 처음부터 몸종이나 동생으로 대체하여 선을 보이는 '바꿔치기 작전'도 썼다. 또 눈이 나빠 시력이 좋지 않으면 선글라스를 끼는 '색깔 위장작전', 귀가 들리지 않거나 말을 못하면 시종 입만 다무는 '침묵작전'을 썼다. 양가 부모들의 이러한 어수룩하고 선입견적인 판단은 결국 자식들의 장래에 돌이킬 수 없는 후회와 원망을 낳기도 했었다.

결혼식장에서 바뀌어 있는 신랑 신부를 보고 어처구니없어 놀라지만 이미 되돌릴 수도 없는 봉이 김선달 판 결혼식이 되어 버린 것을 어떡하랴.

빨간 꽃을 화사하게 피운 동백나무의 둥근 아치 밑 예식대 위에는 밤과 대추를 입에 문 채 두 눈을 깜박이고 있는 암탉과 수탉이 양쪽에 놓여있다. 양쪽 볼에 연지곤지 바른 신부는 원삼 족두리를 입고 두 여인의 보조를 받으며 사뿐히 걸어 나온다. 신랑은 사모관대를 쓰고 임금이 행차하듯 장모에게 드릴 기러기를 안고 위엄 있게 걸어 나온다.

기러기는 영원한 사랑을 약속하고 상하질서를 존중하며, 왔다가 갈 때는 흔적을 남기는 조류로 예나 지금이나 그 의미를 심오하게 부여하고 있다. 청혼서나 허혼서가 교환되고 좋은 날자를 택해서 연길(涓吉)과 함께 신랑 집에서 신부 집으로 보내는 혼수는 일부종사의 의미로 일생동안 간직하였다가 죽을 때 관

속에 넣어 주었다.

또 혼례는 신부 집에서 치른 후 첫날밤을 보내고 다음날 신랑 집에 가서 어른들에게 큰절을 드리는 신행(新行)은 결혼식장에서 예식이 끝나면 비행기에 몸을 싣고 어디론가 멀리 떠나버리는 오늘날의 신혼여행과는 많은 차이가 있다. 창문의 창호지에 침을 발라 신랑신부의 첫날밤을 몰래 엿보는 옛 풍습은 호화스런 호텔이, 가마는 비행기가 대신하게 되었으니 말이다.

세월이 흘러 웃음이 묻어나는 옛날의 순박한 결혼문화는 사라져 버렸다. 그리고 백년해로라는 관습도 변했다. 자유 분망하고 인격을 존중하는 현대사회의 결혼은 이혼까지 자유스럽게 만들었다. 성격차이, 양가 재산의 불균형, 학벌 혹은 지역의 차이로 인해서 신성하고 중요한 결혼이 때로는 감정과 득실을 따지는 위험한 결혼문화로 희석되어 우리 주변을 염려스럽게 만들고 있다. 결혼예물 그리고 웨딩드레스나 웨딩홀의 수준이 행복을 보장해 주는 척도는 아닐 텐데 어떤 사람들은 이런 형식에 많은 비중을 두는 경우가 있다.

결혼 환경은 사회발전에 따라 많이 변화했지만 결혼생활의 행복지수는 그것에 꼭 비례하지는 않은 것 같다. 중매대행업까지 등장하여 인기를 얻고 있지만 행복까지 보장해주지는 않는다고 생각한다.

중년의 향기

나이가 많다는 것은 소중한 경험과 지혜도 함께하는 것이다. 젊은 사람과의 역할 차이가 반드시 불평등을 의미하는 것은 아니다. 날으는 새도 온고지신하면 더 멋진 비행을 할 수 있다고 하지 않는가. 나이든 사람들은 자신의 입지를 알게 되면 다시 어린이가 되고 싶고 인생 시작에 대한 그리움도 생겨 인생을 다시 살고 싶어 하는 욕구가 생긴다고 한다.

철학자 칸트는 "삶은 활동 속에서만 생명의 가치를 느낄 수 있다"고 했다. 음악에도 기도와 희망이 있듯 고뇌하는 사람에게는 밝은 내일과 함께 희망도 찾아온다고 한다. 나이가 든다는 것은 젊은 날의 욕망, 초조감들이 지긋이 가라앉고 안정된다는 의미이다. 그리고 인생을 음미하고 지난날을 회상해 볼 수 있는 여유도 가진다. 곱게 나이가 들면 노년도 아름다울 수 있고 어느 순간에 외로움이 닥쳐오더라도 두렵지 않다는 것이다.

나이 들어감에 사람들은 자기중심적인 사고와 내 소유, 내 편견, 내 위선을 버리면 삶은 아름답게 변화된다. 또 사람이 육신의 나이를 의식하는 자체가 벌써 늙었음을 의미한다. 육신에는 세월이 있을망정 영혼에는 나이가 없다. 성숙된 의식으로 인생을 관조할 수 있는 사람은 인생의 향기도 짙다. 그 사람에게 내재된 덕성에 따라 인간성을 뛰어넘은 위대한 존재가 가능하다는 말이다.

불확실한 노후의 삶을 복잡하게 생각하면 마음이 무거워 진다. 정년을 맞은 사람들이 긍정적인 삶을 살기 위해서는 비록 직장에는 나가지 않지만 사회에 기여하는 것이 있을 수 있고 머리도 아직 쓸 만하여 필요하다면 다시 일할 수도 있다는 굳은 믿음을 가져야 한다. 마음은 젊은데 직장을 떠나게 되어 씁쓸하겠지만 이젠 예전처럼 꽉 찬 스케줄이 없다는 현실에 적응할 수 있는 여유도 가져야 한다. 자칫 정년은 자신의 사회적 입지가 좁아지고 가정에서도 냉대 받을 소지가 있고 외로움이라는 큰 병이 자신에게 찾아올 수도 있기 때문이다.

외로움이 파도처럼 몰려올 때 당신을 그 파도에 휩쓸려 바다로 내던져지기도 하고 지친 당신을 다시 육지로 토해 내기도 하며, 때론 당신을 부드럽게 안아주기도 한다. 그러나 그 외로움도 사랑하는 아내가 곁에 있고 마음을 털어놓고 향수를 함께 달랠 수 있는 사회생활의 동반자인 친한 친구가 곁에 있다면 하등의 문제가 되지 않는다.

정년을 맞이한 사람들의 경험은 살아 움직이는, 빛나는 별똥별이다. 그들에게도 처음부터 황량하고 추운 겨울만 있었던 것은 아니고 꽃피는 봄과 단풍에 취한 가을도 있었다. 정년은 지나온 계절을 그리워하거나 허무하다는 것이 느껴질 때다. 과거는 그리움으로 미래는 따뜻한 희망으로 바라보면서 현재는 호수의 잔잔한 물결처럼 중후한 일상으로 되돌아가 보면 어떨까.

오래된 바이올린일수록 소리가 더 아름답다고 하지 않는가. 생계를 위해 청춘의 무게도 던져버리고 나누고 싶은 기쁨들을 음미할 시간조차 없었다. 인생의 장미 향기조차 맡기를 외면해 버린 지난 날들을, 푸른 하늘을 바라보면서 그때의 아름다움을 감상해 보는 것도 중요하다. 비록 나이는 먹어 일선에서 물러나 인생 역정과 성공을 반추해 보더라도 생각은 40대처럼 하고 이마에 생긴 주름살이 가슴에까지 새겨지도록 하지는 말아야 한다.

행복의 열쇠를 쥐고 있는 사람은 오직 자신뿐이다. 미래는 무한한 가능성이 우리를 기다리고 있을 것이다. 자신이 행동하지 않으면 그 누구도 나를 대신해서 행동해 주지 않는다. 좋은 순간들의 삶을 맞이하기 위해서는 우선 자기 자신에 대한 솔직한 반성과 자신을 똑바로 볼 수 있는 정직한 분석이 있어야 한다. 즉 자기 연민에 빠져 삶의 의지가 약해져 있지는 않는지. 주어진 많은 시간을 어떻게 보내야 할지 몰라서 그저 멍하니 돌아올 수 없는 '옛 시절의 좋은 추억의 향수'만을 회상하고 있지 않는지 말이다.

우리나라 사람들의 평균수명은 의술의 발달, 식문화 개선 등으로 늘어났다. 환갑의 의미도 해방 전후에는 장수를 기념하고 축하하기 위한 잔치였다. 지금은 고희나 되어야 가족과 가까운 친지들과 조용한 축배의 잔을 나눌 수 있는 장수 사회가 되었다. 이런 변화 속에서도 6·25전쟁을 전후한 세대들은 그런 사회현상을 몸소 느끼면서 살아왔던 터라 핵가족화에 따른 변화도 생소하게 생각하고 있지 않다.

그렇다면 정년퇴직 이후 삶은 어떤 기준으로 살아야 하는가.

우선은 개인적으로 자기 자신부터 하나씩 준비를 해 나가야 될 것 같다. 정년 후 보람 있는 삶을 위해서 자신만의 귀중한 프로그램을 만들어 놓아야 한다.

가족끼리지만 자식관계나 부의 분배원칙을 정립해 놓는 일도 중요하다. 생활권별 내에서 마음을 터놓고 자주 만날 수 있는 친구를 적절히 만들며, 또 정기검진 계획과 검진에 따른 방안을 마련해야 한다. 문화와 레저 등의 목표를 개략적이지만 미리 준비해 놓으면 정년후 아름답고 현명한 제2의 멋진 삶이 나를 기다리고 있지 않을까.

지옥철

아침 출근길 지하철, 사람들은 한바탕 전쟁을 한다. 서울이 넓고, 사람이 많다보니 아침에 정시 출근하기가 그리 쉽지는 않다. 그래서 대부분 사람들은 지하철을 이용한다. 이 전쟁은 적을 공격하는 것이 아니라 생존경쟁을 위한 전쟁이다. 서울에는 차도 많고, 지하철도 많지만 이것들은 모든 사람들의 편의를 위해서 있는 문명의 이기(利器)들이다. 버스나 승용차는 도로 위의 사정에 따라 흐름이 수시로 변하지만 지하철만은 정확히 제 시간에 운행된다.

1974년에 처음 개통된 지하철의 역사는 유럽 선진국에 비하면 뒤져 있지만 서울 사람들의 지하철 이용도는 유럽 사람들보다 훨씬 높을 것이다. 거미줄처럼 얽힌 오늘의 서울 지하철은 두더지처럼 땅속으로만 다니면서 바쁜 사람들에게 얼마나 편리한 도움을 주고 있는지 모른다. 또 전철이 있으므로 수도권은 한 생활권이 되었다. 앞 역에서 다가오는 노란 디지털 전동차 모형이 움직인다.

전동차가 곧 도착된다는 전광판의 빨간 글씨와 함께 희미한 불빛 속에서 어둠을 헤치고 부드러운 경적소리를 슬며시 내며, 육중한 전동차가 접근해 온다. 기관사는 승강장에서 대기하는 승객들의 표정을 읽는 듯 다정한 눈인사를 한다. 오늘은 어쩐지 세상일이 거침없이 잘 돌아가는 것 같은 느낌이 든다.

기다림은 희망이다. 긴 기다림은 복잡하고 중요한 일을 생각나게 하고, 짧은 기다림은 텅 빈 머리로 그저 아무 생각 없이 지하철이 들어오는 쪽을 보거나 벽면에 붙여있는 홍보물과 눈을 마주할 뿐이다. 전동차는 이미 앞 역에서부터 사람들을 가득 태워서 그런지 문조차 삐그덕 거리며 힘겹게 열린다. 폭포처럼 쏟아져 나오는 사람들과 줄지어 있다가 잽싸게 타는 사람들이 서로 몸을 부딪치며 교차한다. 매일 반복되는 아군끼리의 적의(敵意)없는 전쟁이 시작되는 순간이다.

전동차 안에는 발을 디딜 공간이 없다. 한 발로 서 있자니 다리가 아프고 몸의 균형을 지탱하기가 어렵다. 가운데 있는 아가씨들이 짜증스런 비명을 지른다. 아무도 대꾸하지 않는다.

나이든 할아버지가 세태를 한탄한 듯 불평어린 목소리로 투정질을 한다. 무슨 바쁜 일이 있기에 아침부터 이 복잡한 지하철을 타고 고생을 하는지 사람들은 연민의 눈초리로 힐끗힐끗 쳐다볼 뿐 아무도 대꾸하지 않는다. 전동차 안은 역겨운 땀 냄새와 향수냄새가 뒤범벅이 되어 숨 막힐 지경이다. 지옥철로 변해있다.

그래도 지옥철이 좋다. 비록 고생하더라도 자신들이 원하는 시간에 목적지에 도착할 수 있으니까 말이다. 사람은 살아가는 동안 큰 고생을 했던 경험은 되도록 반복하려 하지 않는다. 그러나 그런 콩나물 지하철을 타는 것이 생활의 일부분이라면 오히려 자연스러운 것인지도 모른다. 찬물을 뿌려 빽빽하게 자란 콩나물을 숙숙 뽑아내듯 지하철이 각 역에 도착할 때마다 많은 사람들이 한꺼번에 몰려나오곤 한다. 콩나물은 자라면서 사람들의 입맛을 돋궈주기 위해서 하늘 높은 줄 모르고 자라지만 콩나물 지하철은 사람들의 생존경쟁을 만족해 주기 위해서 오늘도 내일도 똑같은 코스를 오고간다.

지하철은 키가 크고 작은 사람, 몸이 뚱뚱하고 날씬한 사람, 남녀노소 구분 없이 모든 사람들이 이용한다. 그중에서도 한 치 더 높은 키를 가진 사람은 시야가 넓어 기분이 더 우쭐할 것 같다.

이 콩나물 지하철 속의 사람들은 어디를 쳐다보며, 무슨 생각을 하고 있을까. 인생의 생활방식에 대해서, 혹은 자신의 삶의 목적에 대해서 염려하고 있을지도 모른다. 어쩌면 자신을 섭섭하게 대했던 친구를 용서하겠노라고 마음 다짐을 하고 있는지도 모른다. 아니면 비록 가진 것은 없어도 불쌍한 사람들을 돕겠다는 다짐을 하고, 또 콩나물 지하철 안에서 손바닥만한 바닥에 몸을 의지하고 땀을 뻘뻘 흘리고 있는 사람들을 측은한 생각으로 쳐다보고 있는지도 모른다. 그러다가 갑자기 전동차가 급제동을 걸면 내부는 순간 휘청거림과 비명섞인 아수라장이 된다. 이것이 보통사람들의 애환이고 서울의 아침 출근 길 정경이다.

매일 반복되는 이 전쟁을 피할 수는 없을까. 더 쉽고 빠른 출근방법은 없을까. 아무리 생각해 봐도 뾰족한 다른 방법이 없을 것 같다. 아침 출근하는 사람들에게 5분은 대단히 중요하다. 5분 일찍 집에서 나가면 콩나물 지하철에서 고생하지 않고 하루 일을 차근차근 생각하는 여유를 가질 수 있으련만 실제로 출근 준비하는 사람에게 그 시간은 황금 같을 것이다. 어떤 사람들은 출근길 지하철에서 시달리고 나면 하루가 힘들다고 한다. 그러나 이 세상은 혼자 사는 것이 아니고 다양한 형태의 사회현상과 함께 어우러져 살아가는 것이므로 반드시 치러야 할 소리 없는 전쟁의 조용한 나팔소리가 될 것이다.

이제 지하철은 서울 시민들의 문화공간이 되었다. 전동차 안은 각 노선을 상징하는 색깔이 화려하게 칠해져 있다. 또 어떤 칸은 약 냉방만을 한다. 사람들에게 가장 예민한 온도나 색상까지 배려해서 만든 지하철은 서울의 자랑거리가 아닐 수 없다.

각 지하철 역사마다 문화공간이 있어 그곳에서 소규모 연주회나 연극도 공연한다. 또 사람들이 많고 번화한 역은 지하상가와 곧바로 연계되어 있어 그곳에서 쇼핑도 하고 사람도 만나고 식사도 할 수 있는 종합생활공간으로 편리하게 만들어져 있다. 비록 출·퇴근 때 콩나물 지하철 안에서는 힘들고 고통스럽지만 밖에는 희망찬 장밋빛 꿈과 환상이 나를 기다리고 있다는 것을 생각하면 대가리가 떨어져 버리거나 허리가 부러져 버리는 연약한 콩나물이 아닌 강한 인간임을 재삼 자부심으로 느끼곤 한다.

천사의 미소

시집간 딸이 예쁜 공주를 낳았다. 손녀는 눈을 꼭 감은 채 방울토마토 같은 앙증스런 주먹을 입에 넣고 빨고 있다. 본능적인가 보다. 외할아버지와 첫 상면이다. 묘한 전율을 느낀다. 생명의 신비라고 할까. 세월의 덧없음이라고 할까. 하여튼 가슴이 뭉클하고 코끝이 찡해옴을 어떻게 표현하랴. 감은 눈의 눈 커플이 움직이더니 앙! 하고 날카로운 소프라노 소리로 울음을 터뜨린다. '커서 성악가 되려나 보다. 간난애가 목소리 한번 우렁차네.' 하고 마음속으로 읊조렸다.

순산으로 산모도 건강하다니 다행이다. 갓난아기는 거짓이 없다. 배고프면 울고 배부르면 소록소록 잠잔다. 잠자는 모습을 유심히 쳐다보면 참으로 신기하다. 장난감 같은 주먹을 폈다 오므렸다, 눈을 떴다 감았다, 때로는 웃고 깜짝 놀라 울고… 엄마 뱃속에서 하는 짓이리라. '평화롭다'라는 말은 바로 갓난아기의 잠자는 모습과 미소를 두고 하는 말인 듯싶다. 미소의 아름다움을 새삼 느낀다.

미소는 소리 없이 눈이나 입술에 즐거운 감정이 표출되는 근육운동이고, 웃음은 소리를 내어 밖으로 감정을 나타내는 기관지나 근육의 운동이라고 할 수 있다. 웃음도 건강에 도움을 주는 웃음과 건강에 해를 주는 웃음이 있다. 폭소, 희소, 대소는 과거 상처를 치유하고 희망을 높여주는 공짜 건강제가 되지만 간소, 냉소, 조소는 건강을 해치고 인간관계에도 장벽이 되는 독약이 된다.

미국 스탠포드의대 윌리엄 프라이 박사는 6세 이하의 어린이는 1일 300회 이상 웃는데 반해 성인은 1일 15회 이내로 웃는다고 한다. 웃음은 체내에서 혈액순환이 좋아지고, 허파의 노폐물이 밖으로 빠져 나가며, 신경계, 분비계에도 큰 영향을 주어 건강상 유익한 면역체를 갖게 해 준다고 한다.

사람의 몸은 75% 이상이 물로 이루어져 있다고 말하지만 자연과 인간, 인간과 인간은 이 물을 통한 진동으로 교류한다. 특히 갓난아기는 엄마의 뛰는 심장의 울림으로 모성애를 느끼며 아름답게 자란다. 젖을 떼고 이유식으로 바꾸면 저항력이 떨어져 감기에 걸리기 쉽다. 갓난아기는 목의 가래나 코를 풀거나 뱉을 수 없다. 때문에 호흡곤란도 일으키고 잘못하면 폐렴으로 발전될 수도 있다.

아기는 열에 가장 취약하다. 모든 어른들이 관심을 가지고 관찰하고 빠른 조치를 해야 할 점이다. 그래서 방안의 습기는 항상 신경 써야 한다.

어른들의 말과 행동은 선택 없이 무조건 따라하기에 특별히 조심해야할 점이다. 걸려온 전화도 받는다. 가정을 배우고 사회를 배우는 시초이다. 재미있는 책을 읽어주고 좋은 그림을 보면 만족해 한다. 감정이 성장함을 의미한다. 가끔 엄마들은 어린 아이의 버릇을 고친다고 성장한 어린이 위주의 무리한 교육을 한다. 슬픈 감정에 빠진다. 오히려 성격이 나빠진다.

어린 아이들에 대한 사랑의 표현은 여러 가지가 있다. 지긋이 포옹을 해 주거나 같이 놀아 주기도 하고, 행동을 이해해 주려고 때로는 손발을 씻어주고 놀이터에 가서 놀아주면 더욱 효과적이다. 곤히 잠자고 있을 때 고사리 같은 손을 만져주고 손으로 등을 살짝 다독거리며 볼에 어른의 체온이 느껴지도록 살짝 피부 접촉도 해 준다.

어른은 아기의 스승이고 하늘이다. 아무리 험하고 힘든 세상이라 해도 엄마와 아기에 대한 모정은 시공을 초월해 한결같이 이어져 왔다.

우울증이나 치매는 자식들을 출가시키고 생활이 단조로워 지면 많이 생긴다고 한다. 부모들은 자식들에 대해 계속 품안만을 생각하지만 그럴 수는 없다. 그렇게 되어서도 안 된다. 우리 부모들은 성장한 자식들을 분재처럼 두고 볼 수만은 없다. 어른 아닌 부모나 아이 아닌 자식들을 만들어서는 아니될 일이다.

천사의 미소는 갓난아기한테서 주로 볼 수 있지만 이제 그 갓난아기가 성장해서 웃음을 어른들에게 선사한다. 어른들과 어린 아이들은 서로 잘 지낸다. 거기에는 다 이유가 있다. 두 세대는 서로 공통점이 있기 때문이다. 잠을 즐기고 시간이 충분하고 세상에 대해 왕성한 호기심도 많고 잘 웃기 때문이다. 웃음은 표정만 바꾸는 것이 아니다. 행동도 바꾸고 감정도 바꾸며, 생각까지도 바꿔준다. 부메랑 같고 세상은 언제나 우리 자신을 비춰주는 거울인 것이다. 이전보다 더 많이 웃는다면, 우리의 삶은 더 즐겁고 아름다워질 것이다.

외발 비둘기

아침 출근길 버스를 기다리고 있다. 회색 비둘기 한 마리가 인도 위에 사뿐히 내려앉는다. 그리고는 사방을 두리번거리면서 먹이를 쪼아먹고 있다. 비둘기는 한쪽밖에 없는 다리로 불편한 듯 절뚝거리고 있다. 한쪽 발목이 잘려나간 장애조(障碍鳥) 이다. 만약에 사람의 짓으로 장애를 입었다면 제비다리 부러뜨린 놀부 심보가 아니고 무엇이겠는가. 사람들을 힐끗힐끗 경계하며 반짝이는 작은 눈알을 돌리며, 열심히 모이를 찾고 있는 그 비둘기가 안쓰럽기만 하다.

세계적으로 비둘기는 총289여 종이 있다. 우리나라에는 멧비둘기, 양비둘기, 흑비둘기, 영주비둘기, 녹색비둘기 등 5종이 있다고 한다. 멧비둘기는 야생 비둘기이고 공원이나 광장에서 흔히 볼 수 있는 집비둘기는 양비둘기이다. 비둘기는 번식력이 강하고 곡식 낱알 등을 먹는 성격이 온순한 조류로서 평화를 상징한다. 또 먼 곳에서도 자기 둥지를 찾아 돌아오는 귀소성이 잘 발달된 새로서 옛날에는 군사 목적으로 통신문을 전달하는 데 곧잘 이용되었다.

비둘기는 나라 안팎 큰 행사 때에 한꺼번에 수천 마리씩 푸른 하늘을 향해 날려 보내는 의미 있는 멋진 광경을 연출하기도 한다. 우리나라에서도 1988년 서울올림픽 때에 3천 마리를 잠실벌에 날려 보낸 적이 있었다. 지금은 도시주거 형태가 아파트화 되면서 비둘기들의 살 곳도 제한되어서인지 사람들이 많이 모이는 공원에 무리지어 살고 있다. 비록 야생의 특성은 거의 없어졌지만 공원을 찾는 사람들이 먹이를 주기 때문에 이제는 사람들과 많이 친근해져 있다. 이른 아침 산속에서는 멧비둘기가 단잠을 깨우듯 은은한 노래를 불러주고 사람들이 많이 모이는 광장에서는 집비둘기들이 고개를 위 아래로 저으며 명쾌한 사랑의 노래를 부르기도 한다.

언젠가 베란다 샤시가 설치되어 있지 않은 5층 아파트의 맨 위층에서 생활한 적이 있다. 집비둘기 한 쌍이 베란다 에어콘 냉각기 옆 틈바구니에 둥지를 틀었다. 번식력이 강한 비둘기는 얼마가지 않아 두 쌍이 되고 세 쌍이 되었다. 부화된 새끼들이 먹이를 달라고 조르는 울음소리는 모처럼 휴일을 맞아 늦잠 자고 싶은 귀중한 시간을 방해했다.

또 분비된 배설물은 베란다를 더럽혔고 아래층에까지 빨래를 제대로 건조시킬 수 없게 했다. 이웃 간 서로 말할 수 없는 불편함으로 무언의 민원의 눈치가 사나워졌다. 그래서 그 비둘기 가족을 쫓아내기 위해 여러가지 방법을 썼다. 둥지 접근구멍을 틀어막기도 했고, 밤에는 회초리로 잠자는 비둘기를 두들겨서 날려 보내기도 했다. 효과가 없어 둥지를 없애 버리고 잠자고 있는 비둘기에 찬물을 바가지로 퍼붓는 등 몹쓸짓을 했는데도 아침에 눈을 떠 보면 지난 밤에 무슨 일이 있었냐는 듯 파드득거리며 장난치고 경쾌한 구애의 노래도 부르며, 나의 신경을 계속 거슬리게 했다. 결국 샤시를 설치하면서 비둘기와 나와의 신경전은 끝이 났다. 지금 생각해도 비둘기에게 미안하고 부끄럽다.

비둘기가 지금은 도시의 천덕꾸러기가 되었다. 무리수가 너무 많아 주변을 지저분하게 만들기 때문이다. 배설물은 강산성이라서 자동차 위에 떨어지면 페인트 색깔을 변색시키고 도시 배관 등을 부식시키며, 인체에 해로운 물질도 검출되었다고 한다. 이런 비둘기의 피해를 줄이기 위해 외국에서는 개체 수를 줄이는 실험을 별도로 하고 있다고 하는데 아마도 합리적인 방법을 제시한다면 먹이사슬을 끊는 것이나 천적의 수를 적당히 조절하는 것이지 않을까.

그러나 동물이나 사람의 생명은 존중되어야 한다. 오늘날 복잡한 자연 환경 속에서 동물과 인간이 공존하는 것은 너무나 당연한 이치이다. 인간의 편의만을 위해서 동물을 학대하고, 집을 부수고 덫을 놓고 집 밖으로 내쫓아 버리는 매정함은 없어야 한다. 사람들은 생활이 고달프고 힘들다고 쉽게 삶을 포기해 버리는 경우가 있는데 그것은 참으로 졸렬하고 어리석은 짓이다.

외발로도 부지런히 날며 모이를 찾아 헤매는 길거리의 비둘기를 보면서 행복지수의 관계를 생각한다.

여자의 눈물

사랑이 만남의 파라다이스라고 한다면 눈물은 이별의 하얀 손수건이라고 할까. 이 세상에 영원이라는 것이 없는 것처럼 사람과 사람 사이에 만남과 헤어짐은 순리이며, 삶의 당연한 질서이다.

사람들은 기쁠 때나 슬플 때 눈물을 흘린다. 기쁨의 눈물은 따뜻하지만 슬픔의 눈물은 차갑다. 눈물은 각막과 결막을 적셔 이물질을 씻어내지만 슬플 때에 많은 눈물이 나오며, 특히 여성에게 눈물이 많다. 감성이 풍부한 여성은 내면의 진실을 눈물로 표현하여 가정생활과 양육 등의 어려운 문화적 혹은 사회적인 환경을 극복한다.

눈물과 웃음에 자유스러운 여성들은 스트레스도 적어 평균수

명도 남성보다 더 길다. 개중에는 약한 척하는 위선의 눈물도 있지만 어떤 눈물도 감정이 없이는 흘릴 수 없는 것만은 확실하다. 먹이를 사냥해 놓고 눈물을 뚝뚝 흘리는 악어의 눈물은 참으로 딱한 이율배반의 눈물이 아니고 무엇이겠는가.

적당한 눈물은 건강에도 좋다고 하니 인간의 눈물은, 신의 또 다른 선물이지 않을까. 사랑하는 사람과 헤어질 때 흘리는 생이별의 눈물, 사랑하는 가족이 이 세상을 떠나 저 세상으로 갈 때의 허무한 슬픔의 눈물, 지나간 자신의 슬픈 과거를 돌이켜 보면서 흘리는 회한의 눈물, 슬픈 영화를 볼 때 자신도 모르게 훌쩍거리는 여린 감정의 눈물, 어렸을 시절 부모한테 매를 맞을 때의 반항의 눈물과 갖고 싶은 것을 사주지 않을 때의 호소의 눈물, 초등학교 시절 숙제를 하지 않아 선생님으로부터 꾸중을 듣거나 회초리질을 당하고 흘리는 반성의 눈물, 눈 속에 이물질이 들어가 자연적으로 흘리는 본능적인 눈물, 생후 3개월 된 갓난아기가 배가 고파 눈물 없이 우는 메마른 눈물, 다치거나 심한 통증을 참지 못해 흐르는 고통의 눈물, 새끼를 잃은 짐승들의 애달픈 눈물, 원수를 만났을 때 흐르는 증오의 눈물, 오랜 이별 후나 출세의 어려운 관문이나 시험에 통과했을 때에 흐르는 환호의 눈물, 가슴조이며 초조하던 순간들 앞에 어느 날 미소로 다가와 살며시 위로할 때 복받치는 감격에 흘리는 행복의 눈물

등 눈물의 빛깔은 다르지만 눈물없는 세상은 없다. 성분이나 양은 다를지 몰라도 모두가 인간과 동물들의 감정의 산물임에는 틀림없다.

눈이 큰 사람은 눈물도 많고 겁도 많으며, 눈이 작고 매섭게 생긴 사람은 눈물도 없는 사람으로 오해를 받는다. 감정의 동물인 사람인데 어찌 눈물이나 감정이 없겠냐만은 주로 여린 마음을 가진 사람이 보석 같은 눈물로 자신의 감정을 표현하여 동정심을 유발시킨다.

요사이는 쌍까풀 수술을 남녀 구분 없이 너무나도 쉽게 하여 큰 눈을 만드는게 유행이라더니 오히려 원래의 모습이 더 매력이 있다는 복고주의 정서가 움을 트고 있다고 한다. 겉이 흰 백로라도 반드시 속조차 희지 않으며, 사람의 눈을 크게 만든다고 하여 인성까지 바뀌지지 않는다는 풍자의 말이다.

만남의 감격과 이별의 슬픔에 빠진 남북 이산가족들의 눈에서 닭똥같은 눈물이 한꺼번에 얼마나 많이 뚝뚝 떨어졌으면 눈물바다라고 비유했을까. 툭하면 얼마나 잘 울기에 눈물단지를 가진 사람이라고 놀려댈까. 방울방울 눈에 맺힌 눈물이 얼마나 크기에 눈물방울이라고 할까. 말을 하지 못하고 눈물만을 먼저 흘리는 사람은 얼마나 여린 마음을 가졌기에 눈물이 앞을 가린다고 했을까. 얼마나 천추의 한이 되고 원한이 맺혔기에 피눈물이라고 오뉴월에 서리 맺힌 말을 할까. 얼마나 슬픈 영화이기에 눈물 없이는 볼 수 없다고 했을까. 얼마나 눈물을 많이 흘린 비참한 현실이기에 눈물이 메말랐다고 했을까. 얼마나 마음이 독하고 인정이 없으면 피도 눈물도 없는 사람이라고 할까. 그리고 얼마나 희고 깨끗했기에 백목련 같은 하얀 눈물이라고 했을까.

그러나 남자는 눈물을 인위적으로 자제하지만 여자의 눈물은 여성다움의 매력을 느끼게 한다. 대부분의 남자들은 어떤 형태의 눈물이든 일단은 여자의 눈물에 약하다. 이제는 여자들의 사회활동 참여와 신장된 권리 앞에서 눈물로 호소하는 시대는 지나간 것 같다. 사회가 변함에 따라 여자들의 눈물의 의미와 눈물의 매력도 많이 달라졌다. 노래 가사에서나 남게 될 여자의 눈물은 이제 낭만도 정서도 함께 사라져 버린 시대를 만났다.

초조한 기다림

사람들은 이제 기다리는 법을 잊어버렸나. 기다림의 의미조차도 알지 못한다. 원할 때 원하는 것을 얻는 것은 좋지만 만족을 뒤로 미루고 기다릴 줄 아는 것도 중요하다. 기다리는 것은 삶에 있어서 가장 힘든 배움이기도 하고, 또 아마도 가장 큰 절망감을 안겨주는 배움일지도 모른다. 기다림의 열쇠는 모든 것이 잘 되리라는 믿음, 인간이 모르는 큰 계획이 존재한다는 신뢰를 키우는데 있다.

편리만을 추구하는 현대에서 불편함을 안고 사는 것은 그리 쉽지 않을 것이다. 사람들은 당장의 결과와 만족을 기대하며, 실제 가능한 것보다 더 빠른 대답을 원하고 있다.

사람들은 건강검진 결과를 기다린다. 암에 걸렸는지 알기 위해 위내시경 검사를 하고 기다리는 이틀 동안은 무척 고통스럽고 다른 일도 제대로 손에 잡히질 않는다. 도대체 왜 이렇게 오래 걸릴까. 좀 더 빨리 할 수 없을까. 의사가 며칠 내에 전화를 안 해주면 어떡하지 등의 초조한 기다림으로 안절부절 한다. 하지만 마냥 기다리는 것은 아니다. 3일이 지난 후 검진결과가 나왔는데 아무 이상이 없다고 의사가 말을 해 준다. 기다린다는 말은 피해자가 되리라는 뜻이 아니라 참아야 한다는 것으로 그 기다리는 경험을 통해서 자신의 힘이 얼마나 강한가를 알게 되는 것이다.

어느 해인가, 망년회와 사업문제로 술을 자주 마셨다. 속이 더부룩하고 편도에 무엇이 막혀 있는 것 같은 느낌이 있어 약을 먹었으나 효과가 없었다. 하는 수 없이 의사의 권고에 따라 위내시경 검사를 받았다. 검사결과는 7일 후에 나온다고 했다. 그 사이 절친했던, 사랑하는 나의 고교 동창이 말기 급성대장염으로 세상을 떠났다. 사업차 바삐 돌아다니다가 몸에 이상이 있는데도 대수롭지 않게 생각하다가 평생 멋지게 살려던 인생설계가 허망하게 끝이 났다. 친구의 죽음 사이에서 나는 병원의 위내시경 검사결과를 기다리고 있는 참이었다.

기다리는 것은 사람들에게 아주 중요한 삶의 자세라고 했다. 시간이란 누리기 위해서 있는 것이라고 했지만 하루 이틀이 아닌 단 1시간도 나에게는 가혹한 학대의 순간이었다. 이렇듯 우리들의 일상에서도 여유가 있는 기다림이라고 한다면 "아직도 O분이나 남았군." 이라고 하지만 애타게 기다리는 초조한 상황에서는 "여태 O분밖에 지나지 않았네" 하고 신경질적인 투정을 한다.

나의 아픔의 증상은 더해만 갔고 불길한 생각들이 꼬리에 꼬리를 물고 연기처럼 피워 올랐다. 만약 결과가 좋지 않으면 어떡하지. 입원해서 치료하면 돈이 얼마나 들고 완치될 수 있을까. 산속으로 들어가서 치료했다는 사람들도 있던데 그러면 보고 싶은 사람들은 어떡하지. 아직 정해진 날은 아니지만 담당의사를 직접 찾아가 볼까, 아니면, 며칠이 지났는데 결과가 안 나와요? 라고 전화라도 해 보고 싶었다.

담당의사와 검사결과를 듣기로 약속된 날 병원 문을 들어서는 내 발걸음은 무겁기만 했다. 긴장을 얼마나 했으면 목소리도 가라앉아 들리는 둥 마는 둥 했고 침도 목구멍으로 제대로 넘어가지 않았겠는가.

차분한 담당의사는 "아버님, 큰 이상은 없습니다. 다만 위벽이 약간 헐었으니 술이나 음식을 조심하십시오. 많이 기다리셨지요."라고 위로의 말을 해 주었다. 휴우! 이제 살았구나. 깊은 안도의 숨을 쉴 수 있었다. 내 얼굴에 붉은 혈색이 돌았다. 나는 위내시경 검사를 통해서 기다림의 감정을 충분히 느끼는 법을, 그리고 내게 주어진 기다림에 대한 배움을 받아들이는 법을 배웠다. 우주와 나 자신을 신뢰하는 법도 배웠다. 너무나도 큰 배움이었다.

둥근달이 떴습니다

신비의 붉은 태양이 아쉬운 그림자를 길게 드리우고 이어서 동산에 요조숙녀 같은 둥근달이 어둠의 수호신이 되어 빵긋 고개를 내민다. 사모하는 이의 영혼을 편히 쉬게 하고 밤의 초조까지 환히 어루만진 풍만의 보름달도 어느새 애수(哀愁)의 초승달이 된다. 희미해진 사랑의 세레나데를 창가에 보내주고 있다. 절세미인의 둥그런 얼굴에서 풍기는 고고(孤高)함과 상냥함은 둥근달이 우리 인간에게 보내는 큰 축복의 선물이다.

달이 있기에 화조풍월(花鳥風月)이 있고, 달을 벗 삼아 노래와 춤으로 아름다움을 만들어 주고 있다. 둥근달이 있었기에 선조들은 강강술래를 통해서 어려운 전쟁을 예술적인 승리로 이끌 수 있었다. 달이 있기에 한 많은 여인의 비수(悲愁)를 달램은 물론이었다. 달에 기대어 정안수 떠놓고 가족의 무사안일을 비는 정결한 여인의 간절함도 있다.

이제 인공위성이 달나라를 탐사하고, 우주정거장도 만들어 신혼여행을 달나라로 갈 날이 멀지 않았다. 그때는 계수나무도, 떡 방아질 하는 토끼의 상상도 우리의 뇌리에서 사라질지도 모른다. 넉넉함과 고요한 낭만의 상징인 둥근달을 보면서 1924년 일제 강점기에 나라 잃은 겨레의 아픔을 달래고 희망을 주었던 윤극영님이 작사, 작곡한 「반달」 이라는 노래를 불러 본다.

푸른 하늘 은하수 하얀 쪽배엔
계수나무 한 나무 토끼 한 마리
돛대도 아니 달고 삿대도 없이
가기도 잘도 간다 서쪽 나라로

은하수를 건너서 구름나라로
구름나라 지나선 어디로 가나
멀리서 반짝반짝 비추이는 건
샛별이 등대란다 길을 찾아라.

차분함과 인자함의 표상인 둥근달은 인간에게 조용한 사랑의 노래를 전달해 주고 슬픈 이별과 초라함과 연약함을 상징하는 초승달은 인간에게 위로를 준다. 둥근달 같은 사랑으로 어려운 사람들을 위해 베풀고 또 희망의 전도사로서의 역할도 실현된다면 우리 사회는 얼마나 아름답게 될까.

별들이 소곤대는 밤하늘의 둥근달을 보면서 간절한 소망을 빌어본다. 구름에 달 가듯 야속한 희뿌연 구름이 순간 달을 가리고 지나간다. 잠시 후 행복한 미소가 몰려온다.

내가 거래하는 영업현장의 한(韓) 여사는 매력적인 두 볼에 사랑과 돈을 지닌 복스러운 중년 여인이다. 고객을 항상 상냥한 미소로 맞이하고 기억해 주며, 포근하게 대해준다. 백번을 보아도 더 보고 싶은 매력을 지닌 여인 같다. 각박한 우리 사회에서 베푼다는 의미는 꼭 물질적인 것만은 아니다. 비록 1원의 만족을 고객에게 되돌려주는 그녀만의 삶의 철학은 모두에게 행복지수를 높여주고 있다. 그래서 업계 선두를 달리는 남편 사업의 성공 뒤에는 1%의 객관적인 부인 온정이 중요한 부분을 차지한다는 것을 실감하게 해준다. 배려하는 사랑, 미래를 내다보는 긴 안목은 어찌 사업성공의 필수 요소가 되지 않으며, 행복한 가정의 기본 요소가 아니 되겠는가.

부창부수란 말이 있지 않은가. 남편의 주장에 아내가 잘 따르는 것이 가정이나 직장에 있어서 부부사이의 도리라는 뜻이다.

남편의 사업고객을 훈훈한 미소로 반기면서도 초롱초롱한 두 눈은 구만리를 바라보는 원시안적인 예리한 관찰능력을 가졌다고 할까. 무심코 뱉어내는 나의 사투리를 어설프게 흉내 내는 모습은 사춘기의 앳된 소녀처럼 애교에 가깝다. 똑같은 일을 반복하다보면 짜증도 나련만 수시로 왕래하는 고객들에게 처음처럼 신선한 향기와 웃음을 던져주는 그녀의 고마움에 그래도 세상은 살아 볼만 하구나 하는 생각을 하게 해준다. 둥근달에서 풍요를 얻고 초승달에서 이지(理智)를 배운 것처럼 한(韓) 여사의 얼굴과 마음을 통해서 삶의 지혜와 인정을 배운다.

6. 비타민과 친구들

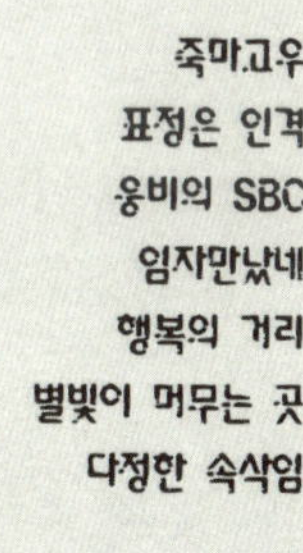

죽마고우

죽마고우란 죽마(竹馬)를 타고 놀던 어린시절 벗이라는 뜻으로, 중국 진나라 간문제(簡文帝) 때 은호와 환온의 우정에서부터 비롯되었다.

어릴 적 친구는 남·녀간 가리지 않는다. 키가 크고 작은 것도 문제되지 않는다. 힘이 세고 약한 것도 관계없다. 잘살고 못사는 것도 흉이 되지 않는다. 잘생기고 못생겨도 그만이다. 그냥 곁에 있어 함께 놀아주면 좋다. 이기적이고 계산적이라면 친구가 되지 않는다. 때와 장소를 가리지 않고 함께 노는 것이 전부다. 말 타기, 숨바꼭질, 술래잡기, 줄넘기, 빈 깡통 차기 등 그런 순진한 친구들이 사춘기를 맞으면서 수줍음도 알고 남녀도 가리며, 자신과 상대를 비교도 한다.

중·고등학생이 되면서 자신의 취미, 성격, 성장과정, 장래희망 등에 따라 끼리끼리 사귀게 된다. 특별히 중학교 때는 미래나 과거를 고려하지 않은 천방지축 친구이고 대학교 때 친구는 미래를 보는 계산적인 면이 있다. 가장 믿음직하고 오랫동안 지속되는 친구는 오직 고등학교 때 친구라고 말하지 않는가. 어릴 적 같이 옷 벗고 물놀이 하던 친구들이 사춘기를 거쳐 청년이 되고 사회인이 되는 과정에서 중·고등학교 동창이라면 더 깊은 우정과 신뢰와 의리를 간직하여 죽마고우로 남는다.

나의 죽마고우는 전라남도 완도군 신지면에 산다. 요즘은 교량이 있어 쉽게 지날 수 있지만 70년도에 신지면에 가려면 남창에서 버스를 내려 나룻배를 탔다. 육지 간 가까운 거리이지만 물살이 너무 세서 나룻배의 흔적은 대각선으로 나타난다. 여기가 바로 임진왜란 때 이순신 장군이 배 12척으로 왜선 330척을 물리친 명량해전의 전적지인 울돌목 입구이다. 대기해 있던 버스를 다시 타고 완도읍을 향한다.

윤기 흐르는 이파리가 눈이 부신 빨간 꽃망울을 터뜨린 동백과 화사하게 핀 노란 유채꽃이 죽마고우처럼 나를 반기고 있다. 밭두렁에 쌓아 놓은 돌멩이와 산자락에서 한가하게 풀을 뜯고 있는 소들에서 친구의 흔적을 느낀다.

완도읍에 도착하여 다시 나룻배를 타고 신지면으로 향한다.

점점이 박힌 섬들 사이로 조그만 여객선이 힘겹게 달리고 있다. 산 능선 따라 돌출된 곳의 하얀 등대가 손짓을 하며 나를 부른다. 소나무 가지 위의 하얀 백로는 고풍스런 날갯짓을 하며, 사랑을 속삭이고 있다. 섬이 많은 남해의 다도해, 어느 것 하나 아름답지 않은 곳이 없는 곳에 친구가 산다. 소중한 자연유산이 원형 그대로 살아 있어 해상국립공원으로 선정되었음을 이해할 것 같다.

깨끗한 모래가 4km 펼쳐진 명사십리를 따라 수려한 소나무들이 관광객들을 위해 솔향을 듬뿍 내뿜고 있다. 가슴이 탁 트인다.

친구는 명사십리 옆 신지마을에서 살고 있다. 이곳의 면장이신 친구 아버지는 농사도 짓고, 고깃배도 가지고 계신다. 인부들이 바다에 나가 그물을 걷어오면 동네는 한바탕 잔치가 벌어진다. 살아서 팔팔뛰는 꼴뚜기, 전어, 낙지, 새우 등을 마을 사람들이 한 광주리씩 공짜로 나누어 가져간다.

풍요롭고 후한 어촌 인심이다. 이런 환경 속에서 자란 친구 임태영은 나의 죽마고우이다. 그 친구와 나는 진로가 달랐다. 대학을 졸업 후 그 친구는 고등학교 교단에 서게 되었고, 나는 직업군인이 되었다. 다른 환경에서 오랫동안 사회생활을 하다 보니 생각에 괴리가 생겼다. 술 마시며 하는 대화들이 겉돌면서 상대방의 대화에 별로 흥미 없는 듯했다. 그러나 우리의 진한 우정은 변함없기에 손을 꼭 잡고 옛날로 돌아가 고향이야기, 가정이야기로 어색한 분위기를 따뜻하게 녹이곤 했다.

2002년 2월 27일, 뜻밖의 비보(悲報)에 하늘이 무너져 내린 듯했다. 친구가 교통사고를 당해 저세상으로 갔다는 것이다. 이게 무슨 날벼락이란 말인가. 그날도 친구는 새 학기 준비를 마무리해 놓고 잠깐 머리를 식히고자 운전대를 잡았던 것이 화근이 되어 운명을 달리할 줄이야 누가 알았겠는가. 저 젊은 청춘을 한 순간에 잡아가다니 저승사자가 실수한 것 아닌가 하고 의심할 수밖에 없었다. 공허한 머릿속은 실망과 슬픔과 안타까움으로 꽉 찰 뿐이었다.

장례식장에 들어갔다. 눈물이 메마른 어머님이 허탈한 상태로 앉아 계셨다. 어머님 손목을 잡는 순간 복받치는 감정에 눈물이 죽죽 흘러 내렸다. 영전에 향을 피우고 먼저 간 친구를 위해 기도했다.

"태영아, 너는 먼저 갔지만 사랑하는 너의 가족과 친구가 있지 않니. 남아 있는 사람들은 모두 행복하게 잘 살 것이니 모든 근심 다 버리고 편히 잠들어라. 우리 나중에 저 세상에서 다시 만나자."

인간은 한 치 앞도 내다보며 살 수 없을진대 어찌하여 100년

후를 생각하는지. 세상에 태어날 때는 순서가 있어도 죽을 때는 순서가 없다고 하지 않았는가. 빈손으로 왔다가 빈손으로 가는 것. 한 줌의 흙이 되고자 그렇게 발버둥치고 질시하고 아옹다옹 했단 말인가. 남들은 외국여행 다니고 골프치고 넓은 집에서 호사스럽게 사는데 박봉으로 자녀교육 시키랴, 가계 꾸려 나가랴, 체면 유지하랴, 지금까지 허리 한 번 제대로 못 피고 살다가 한 마디 말없이 홀연히 가버렸으니 자연의 순리를 따르기에는 너무 슬프고 안타까울 뿐이다. 죽마고우 임태영은 먼저 저 세상으로 갔지만 남은 유족과 친구들은 더 강한 마음을 가지고 씩씩하게 살아갈 것이다. 여기 그의 영전에 위로의 한(恨)을 올린다.

인자한 미소 포근하고 깔끔한 목소리
훤칠한 키 준수한 외모
광주명문 광덕고교에서
투철한 사명감과 탁월한 실력으로
후학을 양성해 온 지 어언 20년
초롱초롱한 제자들의 눈망울과
광주고 19회 동창들의 기대와
사랑하는 아내와 어린 두 딸을 두고
님은 2002년 2월 27일 좁디좁은 승용차 안에서

싸늘한 시신으로 홀연히 우리 곁을 떠났습니다.

다정한 친구가 되어 자녀들 곱게 길러
출가시키고 건강하고 오래오래 재미있게 살자던
그 언약은 정녕 물거품이 되었단 말입니까.
그저 믿기 어렵고 황당할 수밖에 없습니다.
가족의 오열과 친구들의 얼굴에 흘러내리는 눈물 속에서
그대, 이승과 마지막 이별하는 관위에 뿌려지는
한 줌의 흙에서 인생의 허무함을 느낍니다.
지금도 밝은 미소를 지으며, 우리 곁에 다가올 것만 같은
착각이 눈앞에 어른거리고 있습니다.

故 임태영 동창, 이제는 유명을 달리 하였지만
남아있는 가족일랑 걱정하지 말고
하늘나라에서 편히 잠드소서.
광주고 19회 동창 모두는
그대 영전에 정중히
머리 숙여 명복을 빕니다.

표정은 인격

표정은 그 사람의 마음이다. 얼굴은 그 사람의 정서를 잘 나타내 주는 인격이며 거울이다. 자신의 얼굴을 거울에 비춰보면 스스로 표정을 읽을 수 있을 것이다.

사람은 누구나 다른 사람에게 좋은 인상을 주고 싶어 한다. 평소 자신의 얼굴표정이 좋지 않다면 아마도 무의식적으로 얼굴에 변화를 주어 밝고 예쁜 표정을 지으려고 노력할 것이다. 우리는 상대방의 얼굴 표정을 보고 기쁜지 슬픈지 화가 났는지의 정서를 파악한다.

미소는 사람들의 기분을 좋게 해 주고 몸의 건강까지도 유익하게 해 준다. 몸과 마음은 매우 밀접해서 마음의 상태나 마음가짐을 얼굴표정으로 나타내기도 하지만 표정이 마음가짐에 영향을 주기도 하므로 표정 관리 역시 마음을 다스리는 방편임을 간과해서도 안 된다.

외국에서는 이미 웃음으로 인한 치료법이 효과가 있다는 연구결과도 나왔다. 우리나라에도 극히 일부지만 요사이 웃음치료법이 여러 군데서 행해지고 있다. 이것은 누구나 마음껏 웃음으로써 만병의 근원인 스트레스도 풀고 환자의 경우 신경을 이완시키고 안정감을 주어 나을 수 있다는 긍정적 자신감을 심어준다.

우리는 일상생활에서 수없이 많은 사람들을 만나면서 상대방에게 호감 가는 밝은 표정이나 미소 띤 표정을 보이려고 노력하고 있다. 특히 첫 만남인 경우 첫 인상은 오래오래 기억에 남는 것이므로 호감 가는 표정은 매우 중요한 것이다. 우리나라는 예로부터 전통적인 유교 관습을 사회적 통념으로 유지해 왔다. 웃어른과 똑바로 마주보지 못하고 공손한 표정을 지으며, 헤픈 미소 따위는 없이 근엄하고 쓸 데 없는 말을 자제하는 것이 우리의 미풍양속이었다.

말이 많으면 실없는 사람으로 낙인찍히는 구시대 유물이 있었기에 오죽하면 '침묵은 금이다.'라는 속담이 널리 사용되었을까. 그러나 지금은 민주주의 사회에서 개인의 개성을 존중하고 개발하여 다양한 사회현상에 적응하려고 하는 것이 자연스러운 현상이다. 예전에 'PR'이라고 했을 때는 직장이나 단체 등의 상업적인 차원의 표출 홍보 전략이었다고 할 수 있었지만 지금은 자신을 남에게 알리는 '개인 PR'이 자신의 생존을 위한 적응전략의 방책으로 중요시되고 있다.

특히나 글로벌 시대에서 국가간 혹은 개인간 종교, 언어, 문화 등이 시간과 공간을 초월하므로 서로 대화하고 협상하는데 개인의 특징 있는 표정관리는 무엇보다도 중요하게 작용될 것이다.

서양인과 동양인은 얼굴 골격이 기본적으로 다르다. 서양인은 큰 눈에 쌍꺼풀이 있고 코도 오뚝하며 입도 양볼 쪽으로 많이 찢어져 있어 그런 얼굴 표정에서 풍기는 분위기는 순하게 보이고, 표정도 미소 머금은 듯하여 자연스럽게 사람들에게 친근감을 주는데 반해 동양인은 작고 찢어진 눈, 작고 낮은 코, 꽉 다물어진 작고 둥그런 입이 무뚝뚝하고 예리한 인상을 준다. 물론 동양은 경제적 발전, 대가족 제도, 사회구조 등에서 서양 선진국에 비해 선진화가 늦은감이 있다. 억압적인 사회는 또 근엄한 표정만을 요구하면서 웃음이 헤프고 말이 많으면 뭔가 부족한 사람으로 인식한다. 때문에 우리의 표정은 항상 굳어져 있었고 딱딱할 수밖에 없었다.

다른 사람을 시기하는 생각을 늘 하면 그 얼굴이 시기하는 것 같은 표정이 되고, 남을 헐뜯는 생각을 하면 자신도 모르는 사이에 밝은 얼굴빛은 사라지고 미움이 가득 찬 어두운 얼굴이 되는 것이다. 용모는 기본적으로 하나님께서 주셨다고 할 수 있으나 그 용모에 나타나는 얼굴표정만은 자신의 생활의 산물이다. 그래서 표정을 밝고 아름답게 할 수도 있고 때로는 어둡고 사납게 나타낼 수 있는 것이다.

표정은 여러 가지가 있다. 행동에서의 다급함과 여유로운 표정, 마음상태가 평온치 못하여 드러나는 분노하는 표정이나 후회스러운 표정, 소유하고 싶은 마음에서 드러나는 만족한 표정이나 허전한 표정, 짜거나 맵고 신 것을 맛보고 얼굴을 찡그리는 표정, 용기가 있을 때 나타내는 자만하는 표정이나 의기양양한 표정, 무서운 것을 봤을 때 공포에 질린 표정, 어린 생명을 봤을 때 사랑스러운 표정 등을 열거할 수 있다. 또한 표정은 사람에게만 있는 것이 아니다. 동물에서는 얼굴에, 식물에서는 잎이나 줄기에서 비록 사람들이 정확히 식별하지는 못하지만 다양한 표정들이 있을 것이다.

이렇듯 중요한 표정은 우선 첫인상이 중요하다. 좋은 표정은 상대를 즐겁고 편안하게 해 준다. 또한 좋은 인간관계를 유지하는 방법들이 되고 효율적인 업무진행이나 사회활동에도 큰 도움이 되는 촉매제가 될 것이다.

웅비의 SBC

사람은 일생에 3번 태어난다고 한다. 첫 번째는 어머니 뱃속에서 태어나는 것이고 두 번째는 결혼, 세 번째는 직업을 바꾸는 것이라고 한다. 내 동창 이덕재는 대학졸업 후 건설회사에서 첫 직장생활을 시작했다. 그곳에서 중견간부가 될 때까지 그는 기술자적인 기질을 터득하면서 부의 개념에 대해서도 확실한 논리를 정립했다. 그의 꿈은 40대 중반 SBC를 창업하면서 현실로 나타났다. 그로써 그는 3번째 태어난 셈이된다.

창업 초기 냉정한 현실 앞에서 좌절도 하고 싶었지만 "자네만의 불굴의 투지와 집요한 의지가 있기에 처음은 좀 힘들겠지만 나중에는 분명히 창대해질 것이네"라는 친구들의 격려가 그에게 희망과 용기가 되어 주었다. 김포시 대명포구 가는 도로변에 위치한 SBC 공장은 그의 끈질긴 노력으로 지금은 국내와 해외에 여러 곳의 지사를 두게 되었다. 2003년도에는 사업가로서 아무나 받을 없는 '수출 500만 불 금탑산업훈장'도 받았다.

그런 그가 직장암 말기 판정을 받은 후 3개월 만에 저세상으로 가버렸으니 어찌 슬프지 않겠는가. 건강은 건강할 때 지켜야 하는 것은 우리 삶 속에서 터득한 중요한 진리이다. 내가 없으면 아무 것도 소용이 없다. 이 세상의 중심에는 항상 내가 있는 것이다. 종교도, 인격도, 돈도, 명예도 내가 있어야 가치가 있는 것이다.

내일을 모르고 사는 것이 인생이다. 사람의 목숨은 무한하지 않고 하나 뿐이다. 너무나 허무하고 슬픈 죽음이기에 모든 동창들이 좋아했던 故 이덕재에게 고재종 동창이 위로의 한(恨)을 올린다.

친구를 보내며

첫눈 내린 날이었네. 강추위로 가뜩이나 움츠려 있던 마음에 귓전을 울리는 자네의 갑작스런 부음은 할 말을 잃게 했다네. 누구보다 건강을 자신했던 자네가 10월에 입원했다는 사실도 귀에 설익었는데 갑자기 우리 곁을 떠나다니 이 무슨 청천벽력인가.

병실에 찾아간 우리에게 "수술경과가 좋아 회복중이니 퇴원하면 보신탕이나 하세." 하며 인생설계를 말하지 않았는가. 자네만의 특유한 삶의 의지를 보여주며, 보행기를 끌고 복도까지 따라 나와 활짝 웃어주지 않았는가.

이제 불러도 대답 없는 이덕재. 짧은 생애를 아름답게 살다간 친구여. 그대는 수출의 역군이었고 개척자였으며, 인간의 승리자이기도 하였네.

척박한 우리나라의 사업 환경에서 국내 최초로 선형 리니어 베어링 자동 제어 시스템을 창업하여 세계 방방곡곡을 누빈 자네의 기상은 참으로 늠름했었지. IMF에서도 발 빠른 자금관리로 어려움을 슬기롭게 헤쳐가지 않았는가. 모두들 치솟는 인건비와 악화되는 노사문제로 공장을 해외로 옮겨가는 사태에서도 오히려 사세를 확장하고 100여 명의 직원과 함께 100억대 매출의 70%를 수출하는 최우량 회사로 만들었던 SBC리니어(주)의 이덕재 사장, 자네야 말로 진정한 국가 유공자요 애국자이며 올곧은 국민의 표상이었네. 자랑스런 광고(光高)인이요, 우리 19회의 자긍심인 거인이었다네.

이제 다시 볼 수 없는 우리의 친구, 회사와 가족과 친구를 위해 헌신해온 자네의 삶은 어떠했는가. 어렵고 힘든 해외출장이지만 돌아오면 "어이, 뭐한가? 이리 오소, 한잔하세" 하면서 이 친구 저 친구 전화하여 술잔을 함께 나누던 정, 구수한 노랫가락에 거구를 흔들며, 호탕한 웃음으로 분위기를 바꿔주지 않았는가. 우리들만의 공간 '천사'에서 매번 못 다한 정을 다음으로 미루고 나오다가 마주친 하나 뿐인 딸에게 "인해야, 아빠 친구들이시다. 인사드려라." 하며 꼬옥 안아주던 자상한 아버지가 아니던가.

이제는 그곳도 공허만이 감돌 뿐이라네. 어쩌다 영어(囹圄)의 몸이 된 친구를 면회 가서는 도움을 주지 못해 미안하다며, 눈물을 뚝뚝 떨어뜨리던 여린 가슴의 소유자. 그러나 철저한 자기관리와 카리스마 넘치는 또 다른 경영자의 모습도 가지고 있었지.

수술 후 경과가 악화되자 치매로 아들의 얼굴조차 못 알아보시는 어머님을 남겨두고 먼저 가는 불효자는 될 수 없었던지 노모보다 한 달만이라도 더 살게 해 달라고 울부짖었던 효성스런 아들, 남편이 회사 일에만 전념하도록 헌신적인 내조를 아끼지 않았던 현모의 아내와 귀여운 딸, 이 사랑하는 가족들을 남겨두고 떠나야 하는 안타까움이었건만 오장육부를 도려내는 고통 앞에서는 차라리 빨리 보내주라던 하소연, 어이 눈을 감았을꼬.

홀연히 가버린 그대의 주검 앞에 선 많은 친구들은 생전에 베풀고 간 그대의 생이 얼마나 보람된 삶이었는가를 가슴으로 느끼고 있지 않은가. 그러나 영원한 안식처로 가야만 하였기에 캄캄한 새벽에 그동안 혼신을 다했던 일터를 마지막 둘러보는 노젯길에 전 직원이 오열하여 아픈 가슴을 도려내는 듯 했다네. 그리고 정문에 걸린 내부고객이 외부고객보다 우선이라는 현수막은 남달리 직원을 아끼고 사랑했던 그대의 인간다움을 말해주고 있지 않은가.

자네가 뛰어놀았던 보성군 수남리 선영, 선친 묘아래 양지바른 곳에 자네를 눕히고 한 삽의 흙을 뿌려본들, 봉분의 흙을 꼬옥 밟아본들, 닭똥 같은 눈물을 줄줄 흘려본들 무슨 위로가 되겠는가. 이제 이 눈 덮인 차가운 산야에 자네만을 영원히 홀로 남겨두고 사람들은 각자의 삶터로 발길을 옮겨야 한다네.

친구여, 인생은 고해라고 하지 않았던가. 희로애락 삶의 미진했던 온갖 세상사 이제 살아있는 사람들의 몫으로 남기고 부디 평안히 잠들게나.

2005년 12월 8일, 고재종

임자 만났네

요즈음 부부간의 호칭이 많이 달라졌다. 서구문화의 영향에 자연스럽게 맞춰져 왔다. 우리나라 가부장적 대가족 제도의 위계질서나 부부간의 호칭이 오늘날과 사뭇 달라졌다는 말이다. 또 가족의 구성원은 웃어른한테 절대적으로 복종하며, 어떤 경우에는 말이나 행동 면에서 개개인의 인격도 무시당하고, 개인 내면의 감정조차도 자유롭게 표현할 수 없었다.

하물며 그 옛날 갓 시집온 새색시는 부모님 앞에서 사랑하는 남편에게 다정한 인사도 제대로 하지 못하고 애틋한 감정을 가슴에 품고 살았으니 얼마나 답답했으랴. 간혹 장기 출타 후 귀가한 남편을 보고는 맨발로라도 뛰쳐나가 포옹이라도 하고 싶지만 어른들 눈치 때문에 눈으로만 인사를 할 수밖에 없었다.

오죽 했으면 '행주치마 입에 물고 입만 빵긋' 이란 노래가사가 생겨났을까.

그렇게 억압적이었던 사회현상도 개방되면서 사람들의 인격도 존중되어지고 대가족도 핵가족으로 변해갔다. 부부간의 호칭도 '여보, 당신'에서 '~아빠, ~엄마' 혹은 '자기' 등으로 부르다가 지금은 남편을 '오빠'라고 부르고 있다. 어떤 촌수에서 비롯되었는지 모르지만 보통의 상식으로는 이해하기 힘들 정도로 혼란스럽게 변했다.

'임자'는 부부사이에 쓰는 제1인칭이다. 나이가 지긋한 할아버지 할머니들이 서로 가려운 등을 긁어주는 정신적인 반려자의 호칭으로 사용되고 있다. 임자란 천생연분의 차원을 넘는 인간의 깊은 내면의 소리를 읽어주는 정감 있는 호칭이다.

다양성의 사회에서 아픈 환자의 병을 맞춤형식으로 딱 들어맞게 치료를 하는 경우가 있는데 우리는 그런 경우를 두고 "임자 만났다."라고 한다.

물론 치료 전에 의사 자신의 전문지식과 경험, 환자와 의사간의 정서적인 마음의 교류, 병의 종류와 진행상태 등에서 치료여부가 결정되겠지만 중요한 것은 이런 환경적인 요소가 믿음과 신뢰를 만들어 준다면 임자는 누구나 만날 수 있게 되지 않을까. 우리 주변에는 임자를 만나지 못해 이 병원 저 병원으로 헤매다가 안타깝게 죽어가는 사람들이 얼마나 많은가.

한평생을 살면서 낮은 목소리로 따뜻하게 임자라고 부를 수 있는 인연을 만나 건강하게 산다면 참으로 다행하고 행복스러운 일이다. 집에서 기르는 애완동물이나 가축들도 주인이 정성을 들여 먹이고 좋은 집을 만들어 주고 사소한 아픔까지도 배려해 준다면 그것 또한 임자 잘 만난 행운이 아니고 무엇이겠는가.

빙판길 도로 위에 찬바람이 쌩쌩 불고 사람이나 차량들이 거북이걸음을 하던 1월 어느 날 밤이었다. 5톤 화물차량을 운행하다가 잠시 주차 후 다시 주행하는데 기어가 잘 들어가지 않는다. 조금 전까지 잘 들어가던 기어가 갑자기 웬일일까. 차량을 도로가에 세우고 기어를 넣어 보았지만 도무지 들어가지 않는다. 평상시에는 10분이면 갈 거리를 30분이나 걸려 가까스로 차고지에 도착했다. 평소 고장부위를 정확히 찾아 수리를 잘 하는 베테랑급 정비사 두 사람에게 전화를 했다.

한 사람은 삼발이 데스크에 문제가 있다고 하고 다른 정비사는 기어볼 위치가 어긋난 것 같다고 했다. 다음날 아침 행여나 정상이 되기를 기대하면서 주행해 보았으나 기계는 나에게 요행을 가져다주지 않았다. 많은 차량들이 왕래하는 2차선 도로에서 서행은 뒤따라오는 사람들에게 큰 불편을 주는 것 같아

도로변 작은 카센터로 우선 핸들을 돌렸다. 고장상태를 설명들은 그 정비사는 차량 밑으로 들어가더니 손바닥 크기의 나뭇조각을 들고 나오면서 빙긋이 웃는다. 만약에 두 정비사의 말대로 수리를 했다면 많은 시간과 수리비가 소요되었을 것이다. 설사 그 고장부위가 아니었더라도 자신들의 기술신용도가 있기 때문에 관련 부품을 교체하고 또 수리과정에서 엔진에 걸린 나뭇조각도 꺼냈을 것이다. 그 날의 어려운 상황에서 카센터 정비사의 미소의 의미를 되새기면서 '임자 만났네'라는 말의 적절성을 경험했다.

좋은 연분으로 남녀가 서로 행복한 부부가 되고 아픈 사람들이 좋은 의사를 만나 병을 고치고, 집을 팔고 살 때 아무리 까다로운 조건일지라도 반드시 적절한 주인이 나타나 상호 만족한 거래를 한다. 또 애완동물이나 가축들도 잘 자라며, 고장 난 장비까지도 전문정비사를 만난다면 세상일은 좋은 임자를 만나듯이 순탄하게 잘 이루어진다는 평범한 진리를 깨우치며 순간순간 삶의 희열을 맛보며 살 것 같다.

행복의 거리

봄 안개 피어오른 이른 아침 출근길, 두 모녀가 인도 위를 시끄럽게 지나간다. 언뜻 보아도 두 모녀는 얼굴이 많이 닮았다. 엄마는 허름한 옷차림에 두 개의 조그만 화분을 손에 들고 슬리퍼를 신고 있다. 고등학생인 듯한 딸은 가방을 등에 메고 뒤따라오는 엄마를 향해 "나 잡아 봐라" 하며, 연신 엄마를 조롱한다. 사춘기 소녀인데도 명랑함이 대견스럽게 느껴진다. 버스를 기다리는 사람들을 의식하지 않고 엄마는 괴성을 지른다. 뛰다가 걷다가 때로는 슬리퍼를 하늘로 날리는 발길질을 하면서도 엄마는 환하게 웃으며, 행복한 사랑의 외침을 계속한다. 그래도 딸은 엄마에게 잡혀주지를 않는다. 재미있는 아침거리의 술래잡기 광경이다.

정류소에 있는 사람들의 표정은 굳어 있다. 아직 잠에서 덜 깨었는지 가끔 하품을 하고 또 어떤 사람들은 오늘 할 일들을 골똘히 생각하고 있는지 허공을 바라보지만 한결같이 입은 꼭 다물어져 있고 눈두덩은 부어 있다. 간간이 지나가는 버스들만이 아침 고요를 깬다. 버스와 사람들의 미묘한 조화 속에 두 모녀는 그런 행동을 반복하면서 지나간다.

사람들은 돈도 많고, 명예도 있고, 건강도 하면 행복의 조건을 다 갖추었다고 한다. 혹자는 가진 것은 없지만 건강하고 편안하며, 마음을 열 수 있는 친한 친구들을 곁에 두고 스트레스 없는 생활을 하면 행복하다고 한다.

사람들의 가치 기준은 자라온 환경, 인생관, 현재의 위상 등에 따라 모두 다르기 때문에 자기 중심적인 삶의 기준 즉, 주관적인 삶의 기준만을 제시한다는 것은 큰 의미가 없다. 분수에 맞는 생활이란 현대를 살아가는 사람들에게 꼭 필요한 말이다. 자연 그대로의 인간성을 가지고 살 수만 있다면 더할 나위 없이 좋으련만 물질적인 삶을 무시하고 살 수 없기에 때로는 자신도 속이는 욕심이란 놀부 혹주머니도 차는 불행한 삶을 살고 있는 것이다.

인간의 심리는 과시욕이 있고 많은 것은 더 많이 가지려는 경향이 있기 때문에 기대치에 대한 만족은 끝이 없다고 한다.

사람이 죽으면 모든 것이 끝나 빈손으로 가는 것인데 무엇 때문에 한 평생을 반목하고 질시하며 살아야 하는지 이순의 나이에 접어든 나의 마음을 착잡하게 한다.

설사 이승에서 많이 모은 재화를 죽은 자의 손에 쥐어준다 한들 무슨 소용이 있겠는가. 부질없는 욕심이 얼마나 어리석은지 잠시 생각해 본다.

이른 아침 두 모녀의 천진한 술래잡기 행동을 보면서 행복이란 반드시 돈만이, 명예만이 아니라는 것을 다시 깨닫는다.

세대차라는 달갑지 않은 용어가 불쑥 나타나서 젊은 세대들은 새로운 정보나 신사고(新思考)만을 앞세워서 기성세대들의 삶의 경륜과 지혜 등은 무시해 버리고 때로는 가족 간에도 대화는 단절된다. 차라리 입을 다물고 있으면 중간이라도 가는데 괜한 소리했다가 농담으로 받아들이기에는 너무나 끔찍한 노망이니, 치매니 하는 말을 듣고 깊은 마음의 상처를 받는다.

아침 출근길에 만난 딸을 사랑하고 어머니를 사랑하는 두 모녀의 행복한 모습이 부럽기만 했다.

별빛이 머무는 곳

훗날 이룰 꿈을 위해 멋진 생각을 머릿속에 그리고, 자연과 인간을 묶어 한 곳에 머물게 했다. 하늘과 맞닿은 스카이라운지에는 별들의 속삭임이 그칠 줄 모르고 시원한 강바람에 도란거리는 사랑의 속삭임은 다정하기만 하다. 화려한 자태의 소나무의 테르펜 향은 지존과 부귀를 상징하듯 이곳 대명천지(大明天地)를 찾는 이들에게 생활의 안정과 가정의 행복을 듬뿍 안겨다 준다. 맛있게 먹고, 즐겁게 노래 부르고, 정답게 이야기하고….

노판산 기슭으로 하늘에서 용이 내려와 자리를 틀고 저 멀리 마니산을 바라본다. 우백호에는 사적 29호인 덕포진이 진을 치고, 좌청룡에는 승마산이 굽이굽이 흐르는 염화강을 바라보고 있다. 탁 트인 도로를 따라가면 화살모양의 초지진 대교가 미끈한 선을 그리며, 그 위로 오가는 이들을 반기고 있다. 다리를 지나면 인천광역시 강화군이다. 오른쪽으로 굽으면 초지진이 나오고, 왼쪽으로 굽으면 선암돈대가 나온다. 모두가 신미양요나 병인양요 때 프랑스 함대나 미국 함대와 싸웠던 역사의 현장이다. 그 곳을 가기 전후 머무는 곳이 바로 별빛이 머무는 대명천지이다.

중후한 도리아식 빌딩, 아늑한 실내장식, 푸른 물 맑은 공기, 간담을 서늘케 한 서해 밤의 해풍, 사통팔달의 교통, 선견지명은 바로 이런 곳을 두고 일컫는 말이 아닐까. 그리고 그 중심에는 수석(壽石)의 대가이면서 호남(好男)이기도 한 박국주 사장이 있다. 백두산 영봉에 태극기 휘날리고 대조영의 말발굽 소리가 만주벌판을 뒤흔들던 역사의 냄새가 나는 듯한 큼직한 형상의 돌이 정문에 버티고 서서 이곳을 찾는 이들을 반기고 있다. 하늘과 땅 사이에 큰 빛으로 인간들을 감싸고 따뜻한 마음과 정성으로 그들을 모실 각오이기에 이곳에는 항상 풍요한 웃음과 건강이 있을 따름이다. 새로운 메뉴를 개발하면 먼저 지인들을 불러 꼭 시식회를 갖는 섬세함과 손님 위주의 노련한 경영철학으로 항상 겸손과 친절이 있을 따름이다.

지역발전을 위해 헌신하고 봉사하는 투철한 기업정신이 있기에 주변의 칭송이 자자할 따름이다. 넓은 주차장, 청결하고 위

생적인 주방, 깔끔한 음식솜씨, 빈틈없는 안내가 있기에 그 명성은 곧 입에서 입으로 전파될 것이다.

또 최고의 시스템을 갖춘 고품격 센스 노래방이 있기에 흥에 취해보고 싶을 것이다. 그리고 포근한 어머니의 품속 같은 아늑한 카페가 있기에 그곳에서 정담을 나눠보고 싶을 것이다. 밤하늘의 별빛이 머무는 곳, 까만 밤을 지새우고 싶은 이곳, 이 아름다운 장소에 추억의 나래를 펼치고 싶은 모든 사람들에게 만족과 행복을 줄 수 있는 대명천지, 길이 무궁한 발전과 번창이 있기를 기원한다.

다정한 속삭임

가식으로 위장된 나를 버리고 향내가 풍기는 진실만을 들려주는 메아리가 아름답다. 내면의 붉은 장밋빛 꽃을 피우는 시간이다. 신비롭고 하나 뿐인 우리의 인생, 고이 간직하고 싶은 자신을 위하여 조용히 기도한다.

꾸밈없는 현실을 서로 인정하는 것이 우정이라면 그것은 신이 인간에게 준 귀한 선물이리라. 진정한 친구는 이런저런 불행을 당할 때 공감해 주고 공허한 가슴을 채워주며, 때로는 감사의 눈물을 흘릴 줄 알아야 한다.

인생은 상승하는 시기가 있다면 또 추락하는 때도 있는 법, 유한한 인간의 육신이 어찌 영원무궁 하리오. 번개 같은 세월의 흐름 속에 나이조차 잊는 영혼이 있기에 무겁게 짓눌러오는 황혼의 삶을 아름다운 사랑의 노래로 승화시키면 어떨까.

인생은 시작과 끝을 마음대로 할 수 없듯이 운명 또한 예측한 대로 흐르지 않는다. 솜털 같은 시간의 흐름 속에서 단 일 분만이라도 아름다운 자신의 모습을 존경과 경이로 바라볼 수 있다면 행복하지 않겠는가.

때론 다정한 속삭임은 사랑과 기쁨이 넘치는 풍성한 인격의 날개를 달고 무언의 존경과 감사의 눈길로 멀리서 나마 그 무엇을 배려하는 마음으로 우정의 깊은 뿌리를 내린다.

친구의 장점을 최대한 인정하고 고정관념을 허물어 버리면 어려운 용서도 위대한 세월의 가치도 다정한 속삭임으로 잔잔한 미소를 지으며, 신선한 감동으로 다가와 기적의 꽃밭에서 꿀을 따게 해 주리라.

인생 삶이 사람 만나기이거늘 만남이 즐거우면 삶이 즐겁고 평생토록 그 삶을 곁에 둔다면 성공한 삶이 되리라. 좋은 사람 만남은 그 자체가 희망이며, 행복이며, 휴식이며, 천국이리라. 또 그 만남은 싱그러운 꽃내음 같아 운명의 풍향을 바꾸는 나침판이 되리라.

애벌레의 화려한 변신

1판 1쇄 발행 | 2008년 10월 25일

지은이 | 황원연

발행인 | 이선우

편집 | 한국수필출판부

펴낸곳 | 도서출판 선우미디어

등록 | 1997. 8. 7 제2-2416호

100-846 서울 중구 을지로3가 104-10
신성빌딩 403 ☎ 2272-3351, 3352 팩스: 2272-5540
sunwoome@hanmail.net

값 10,000원

ISBN 89-5658-196-3 03810